—— 编委会 ——

总 主 编：王海燕

副总主编：尹 航 许 浩

总 审 定：武传涛

本册主编：王海燕

播音与主持艺术专业"十三五"规划教材·播音主持实务教程

BROADCAST PERFORMANCE

王海燕 ◎ 总主编　　尹航　许浩 ◎ 副总主编

播音实务教程

BOYIN SHIWU JIAOCHENG

中国传媒大学出版社
·北京·

序

曾志华

2016年中国的传媒生态发生了很大的变化：新媒体发展迅猛，传统媒体陷入困境。互联网有声书的强势来袭使2016年被称作有声出版元年，同时传统媒体则遭遇收听、收视、阅读率下滑，收入下降，人才外流等紧迫问题。业界开始找寻突围之路，学界也开始研究对策，而进行专门教育的高等院校，则思考着包括教材、教程在内的所有教学活动是紧跟一线迅速调整还是墨守成规，变与不变，变在哪儿，不变的又是什么，以及变的"度"如何把握等课题。

山东青年政治学院播音与主持艺术专业的老师们，直面传媒生态急剧变化和专业教材奇缺的现实，围绕有声语言教学总结出"播、说、诵、演"四大基本能力的训练方式，并避开以往教材多以某种具体媒介统领教学的常态，将落点放在了不同类型的节目形态和语言样态上，编写出这套"播音主持实务教程"。望着电脑屏幕上几十万字的书稿，想象着老师们在忙完了白天的教学工作之后，挑灯夜战，在键盘上手指翻飞的情形，我的心里除了感动，更有感慨与钦佩——

是的，这是一个人人都有话筒，人人都是主播，人人都可以是信息传播者的时代，传播生态发生了前所未有的变化。而"所有这一切变化，变革了我们对世界的看法，也改变了我们了解世界的能力"。我们生逢其时！

由此，直面是一种真诚、一种还原，更是一种态度、一种精神。而直面之后的行动，才是真正意义上的责任与担当——向所有为书稿呕心沥血的老师们致敬！

教育，是以现有的学识和经验教化培育人才的工作。教育的本质应该是对人潜能的最大开发。从这个角度而言，播音主持的专业教学，既要将不同类型节目形态、语言样态的基本形式告知学生，又要避免千人一声的单一化。教材、教师、学生是课堂教学活动的基本要素，也是教学质量生成的三种基本要素。因此，我们唯有从教材的编写开始，注重个性化、差异化，小心呵护教材使用者的想象力和创新能力，才能调动学生的自主学习性，使他们成为他们"能够成为""应该成为"的模样。

这些日子，正在上映的印度电影《摔跤吧，爸爸》好评颇多，忽然想起这部电影的男主演阿米尔汗的另一部电影《三傻大闹宝莱坞》，其中有这样一段场景：

课堂上，老教授叫 Rancho 解释"机器"的概念，Rancho 回答道——

"机器是所有能减少人类劳动的事物，任何能简化劳动和节约时间的就是机器。

"今天很热，按下按钮，一阵凉风——风扇，是机器；

"跟千里之外的朋友通话——电话，是机器；

"几秒钟内进行数百万次计算——计算机，是机器；

"我们被机器包围着，从钢笔尖到裤子拉链，拉链，上下上下……"

可思维刻板的老教授却只局限于课本的定义："机器是由相对运动固定的、相互连接的零件组成的，它意味着能量和动量的相互转换。就像螺丝钉和螺帽，或者杠杆。"

结果，"用简单的、形象的语言表达了同样意思"的 Rancho 被赶出了教室。尽管接下来 Rancho 以近乎反讽的方式巧妙地化解了自己的难堪，但留给我们的绝不仅仅是幽默之后的欢笑。

美国未来学家阿尔温·托夫勒说，第二次浪潮以后，学校崇尚的是"守时、服从、机械地重复作业"，教师只是将教材上的知识灌输给学生，学生也只会将教材上的知识"转移"到自己的脑子中去。个人的观点创见、情感交流以及团队协作等，都难以呈现，都被这种"工业化社会的标准化、同步化"所淹没。这是对教材使用的误读和浅读，是教学程式化的一种表现。

本人非常赞同这样一个观点：老师和学生，不是大木桶和小木桶的关系，教学不是大木桶里的水倒一些给小木桶那么简单。老师应该注重培养学生学习的独立性和能动性，还应该关注学生的成长，包括精神的成长和专业的成长。

如果说学习机械制造的工科学生都不应该死记硬背，那么，专门学习有声语言表达的播音与主持艺术专业的学生，则更应该追求语言的鲜活和表达的多样！从他们跨进大学的那一天起，我们的教学就应该遵循因材施教、因人而异的原则，我们的课堂就应该呈现开放包容的气氛，我们的教材就应该是在"变与不变"基础上既有继承又有创新的智慧结晶。

现在，山东青年政治学院播音主持教师团队在原院长武传涛、专业负责人王海燕老师带领下，编写出了这套教材，尽管在框架的构建、体例的完善、行文的严谨以及教学步骤的针对性上还显青涩，还有不少值得推敲、打磨之处，更有待于多轮教学实践的印证。但是，仅从稿件的搜集、案例的采集和相关理论观点的汇集上来看，本教材有着积极的实用价值。这当然也是团队成员殚精竭力付出了巨大心血的结果。

我和海燕相识有七八年了。在她身上，有着浓厚的山东姑娘的特性：美丽大方，热情爽朗，脚踏实地，乐于助人。在一线积累了较为丰富的实践经验后，她毅然来到高校，担负起培育新主播新主持的工作。张颂老师曾经这样要求，作为播音与主持艺术专业的教师应该具有"教学、科研、播音"三位一体的综合能力。海燕是具备了这种能力的，加上她勤奋好学，孜孜以求，相信她会不断地"更上一层楼"！

我很欣赏一位女作家张曼菱，记得她在北京大学的一次演讲中提到，毕业于西南联大的著名物理学家李政道说过这样一句话：西南联大的学生，不是一个模子出来的，每个人都像一粒种子。而教育是配合这个学生的个性来实施的。

是啊，我们的学生本身就是一颗又一颗的星星，身为播音主持专业教师的职责就是把他们安放在星空上那个最适合他们的位置。

为着这份美好又诗意的职业，不忘初心，我们一起同行！

曾志華

2017 年 5 月 16 日

构建播音主持专业核心能力体系

(代前言)

武传涛

一

长期以来，一直有人问我，你们播音与主持艺术专业学什么？我往往觉得难以回答，因为把专业主干课程一一介绍挺啰嗦的。倒是有一位想到高校应聘播音专业教师的年轻人的回答启发了我们，我问她你在大学里都学了些什么，她不假思索地脱口而出："声台形表啊！"我立刻知道，她所在的学校播音专业是与表演专业紧密联系的。可是，"声台形表"作为表演专业"声乐艺术""台词艺术""形体艺术"和"表演艺术"四门核心课程或者说四项专业能力的简称，简明扼要而蕴含丰富，为很多人所熟知，要用"声台形表"来表述播音与主持艺术专业的学习内容和专业能力显然不妥。不过，"声台形表"的确启发了我们，由此还联想到了京剧艺术的"唱念做打"和相声艺术的"说学逗唱"等一系列的"四字真经"。那我们播音与主持艺术专业可不可以也来一个"四字真经"呢？

在总结概括了大量的播音主持创作实践、分析研究了播音与主持艺术专业的课程体系之后，我们提炼出"播""说""诵""演"四个字，简练、概括地表述播音与主持艺术专业的核心课程和专业核心能力，用以构建播音与主持艺术专业的核心能力体系。

二

播，就是播音，播读，播报，播送，是指播音员、主持人运用有声语言和副语言，通过广播、电视、网络等媒介进行的有声语言传播活动。这是播音员、主持人第一位的专业能力。播，有广义与狭义之分。广义的播音，也称大播音，就是有声语言传播，包括有稿播音和无稿播音，包括新闻性的播报和艺术性的演播。狭义的播音，是典型的播音，只包括有稿播音，是完全以文本为依托的，是要忠实于文本的，是把文字语言转化为有声语言的传播活动，如新闻播音、知识介绍、文稿宣读和纪录片解说。

播，是广播电视媒体传播信息的基本手段，是播音主持人才的基本技能。没有播，电台、电视台就不能称其为电台、电视台；不会播，播音员、主持人就不能算作播音员、主持人。70多年的人民广播事业，造就了许多代表中国气派话语风格的播音艺术家，50多年的播音与主持艺术教育，培养了大批堪称规范的汉语普通话楷模的播音主持人才。

要播好音，必须坚持正确的播音主持创作道路，当好党、政府和人民的喉舌。每一个国家的每一个媒体，都必然会体现国家意志，我们国家也不例外。播音是"党、政府和人民的喉舌"，是维护国家利益、弘扬民族精神、传承民族文化、体现时代精神、充满人文关怀的新闻工作。这个认识是不能改变的，忠诚于党、忠诚于国家、忠诚于人民的信念是不能动摇的，必须堂堂正正、理直气壮。在这样的前提下，通过对播音作品的深入理解与感受，通过扎实的语言功力，我们才能完成好播音的任务。

要播好音，必须遵循现代汉语规范，在语音、词汇、语法等方面一定要符合现代汉语普通话的规定，努力承担好推广普通话的责任。这首先是国家法律法规的要求，国家发展建设的需要，同时也是大众传媒广泛信息传播的需要。播音过程中，要力戒语音不正、词汇不当、语法不通的现象，为全社会学习和使用普通话提供示范和表率。

要播好音，必须体现中国气派的话语风格，既庄重大气、掷地有声，又朴实亲切、活泼生动，成为真正的"中国之声"。

要播好音，必须运用有声语言的各种创作手段，体现出审美价值。播音绝不是简单的"念字出声"，而是一种创作性的艰苦劳动，要经历"深入理解—具体感受—形之于声—及于受众"的过程，要从有声语言的生存空间进入规范空间，进而提升到审美空间。所以我们反对"千篇一律""千人一声"，我们提倡因文而异，因人而异，因情而异，因时而异，努力追求有声语言的美感，给人以"声情并茂""悦耳动听"的愉快体验。

说，就是说话，说明，讲述，谈论，是人们现想现说、用话语表达意思的口语交际。是一种由内部语言转化为外部语言的口语传播活动，包括独白性口语表达和对话性口语表达，是主持人节目中基本的语言表达方式。

说话，因为是现想现说，所以是"即兴话语"，具有"直接性"的特点。说话是口头创作，具有"一过性"，说出去的话收不回来。说话对语境的依赖性强，与听话人的交流感强，语言灵活多变，通俗易懂。说话能够运用丰富多彩的语音、语势、语气、节奏、表情、姿态、手势等口语的特有手段来传情达意。

说话，是播音员、主持人话筒前、镜头前的一种口语表达活动，特别是在主持节目时，是一种高质量的即兴话语，是口语化、自然流畅的表达，是符合语言规范和审美要求的高水平口语。这对播音员、主持人的学识、才华与能力提出了较高的要求：首先，要具有组织内部语言的能力，以历史的积淀、现实的感悟、教育的浸润、经验的积累为基础，在话筒前迅速、有条理地组织内部语言，使在临场发挥中即兴产生的语言动机，具有强烈的目的性、鲜明的倾向性和严密的逻辑性；其次，要有语言外化的能力，能够将内部语言阶段大脑中形成的一些"语点"，按照一定的语法规则，选择恰当的词语，快速地扩展、丰富、编码为完整的句子，顺利完成由"想"到"说"的过程；最后，要有表情达意及调节、整理语言的能力，以良好的声音状态、娴熟的发音和语言表达技巧去传情达意，善于体察受众、营造语境，能及时地对自己的有声语言和副语言进行检验和调整。

诵，就是朗诵，诵读，咏诵，是人们运用艺术语言表达的各种手段将文学作品的文字语言转化为有声语言、艺术地再现或体现出来的创作活动。朗诵是用清晰、响亮的声音，结合各种语言表达手段来完善地表达作品思想感情的一门艺术。朗诵是播音员主持人必备的一种有声语言运用能力，能为增强播音主持的生动性服务，也能直接成为广播电视的节目。

朗诵是以情感人的有声语言艺术，是一种创作活动，是一项复杂的系统性工程。朗诵具有音声性、规范性、文学性、艺术性、综合性、依赖性、创作性、欣赏性、大众性、激励性的特点。朗诵艺术在推广语言规范、促进思想交流、净化人们心灵、开展审美教育、提升双方素养、传承优秀文化等方面，都具有十分重要的作用。

朗诵需要有对文学作品的深入理解与感受。朗诵是一种理清思路、调整心路的艰辛劳动，朗诵者只有在深入理解和具体感受的前提下，让文字作品入脑入心，才能激发起丰富的思想感情，才有强烈的创作、表达愿望。

朗诵需要良好的声音条件和表达技巧。在将文字语言转化为有声语言的艺术创作过程中，朗诵者对文字作品思想内涵的深入理解、其良好的文学修养和艺术素养、对朗诵文本精妙的整体设计，最终都要体现在朗诵者的声音表达上。朗诵者纯正的语音、动听的音色、丰富的语气、变化的节奏等，都是朗诵艺术的魅力所在。

朗诵是训练语言能力的有效手段。从古至今，从小到大，朗诵都是锻炼人们语言能力的重要手段，也是提高阅读质量、汲取文化营养的有效途径。特别是在播音主持人才培养的过程中，朗诵不仅帮助学生提高了思想品德修养和文学艺术素养，还培养了学生"音准、声美、语感好"的专业基础能力，更提升了学生踊跃登台、积极传播的综合素质。

演，就是表演，演出，演播，是通过人的演唱、演奏或人体动作、表情及有声语言来塑造形象、传达情感从而展示技艺、表现生活的艺术。广义的表演，涵盖所有的表现情节或技艺的演出；狭义的表演只指表演者面对观众扮演角色并通过舞台行动而创造人物形象的过程。从播音主持人才培养的角度来看表演，既有广义上的，也有狭义上的，强调播音员、主持人的声音表演能力，或称演播能力，是播音员、主持人适应媒体发展需要、丰富广播电视节目内容不可或缺的专业能力。

演，就是要感情投入地去扮演、表演。在播音员、主持人的工作中，会演播寓言童话、长篇小说，会演播广播剧，会给影视剧、动画片、广告配音，需要其懂得表演艺术特点和规律，掌握必要的表演技巧，善于二度创作乃至三度创作，否则就无法向受众提供高质量的艺术作品。

演，要求播音员、主持人多才多艺。艺术都是相通的，播音员、主持人既是新闻工作者，也是文艺工作者，播音主持艺术也是在向姊妹艺术的学习借鉴中，发展成长起来的。播音员、主持人不是演员，但应当具有演员的素质，或会演小品，或会说相声，或会唱歌跳舞，或会演奏器乐，多才多艺的主持人总是受到人们欢迎的。

演，就是要尽快适应媒体发展的需要。随着经济、社会的发展，人们精神需求的提高，科技的进步，新媒体时代的到来，逼迫以广播电视为代表的传统媒体在变革中求发展，形式更加丰富多彩，内容更加活泼生动，这给播音员主持人提出了更高的要求。特别是综艺娱乐类电视节目日益增多，只有具有表演能力的主持人才能熟练地驾驭节目，与嘉宾和观众形成良好的互动。

需要强调的是，我们把"演"作为播音员主持人的一项专业能力，绝不是要把学生培养成演员，也绝不是要否定新闻传播的真实性。我们希望播音员、主持人在播音主持创作中能够借鉴好、运用好表演艺术的元素，丰富播音主持艺术的手段，提高播音主持的质量。我们坚决反对矫揉造作、故作姿态、拿腔拿调、生硬蹩脚的表演，也不允许在新闻类节目的播音主持中表演。

三

　　"播说诵演"四者之间的关系,不是简单地平等并列关系,而是有着严格的逻辑顺序区分的。"播"是老大,占有主导地位,最具代表性,主持日常工作;"说"是老二,与老大相辅相成,时常替代老大主持工作;"诵"是老三,是为"播""说""演"提供支持和帮助的;"演"是老四,最具节目样态发展的适应性,能为老二、老三提供支持。"播""说"重在体现播音主持艺术的新闻性,"诵""演"重在体现播音主持艺术的艺术性。我们采用这种比拟的表述,无非是想说明"播""说""诵""演"四项专业核心能力是有主次之分的,是教、学、做过程中必须注意的。

　　播音与主持艺术专业的实践教学体系,要充分体现"播说诵演"四种专业核心能力的培养,就应当有配套的课程、配套的教材和配套的专业实践活动。按照这样一个思路,我们山东青年政治学院播音与主持艺术专业组织编写了"播音主持实务教程"这套实训教材,分为"播""说""诵""演"四册,分别叫作《播音实务教程》《主持实务教程》《朗诵实务教程》和《演播实务教程》。主要供学习了语音与发声、播音主持创作基础等课程的高年级学生训练播音主持业务能力使用,也是在职播音员、主持人提高业务能力的重要参考书。

　　希望我们的大胆尝试,能为构建播音主持专业核心能力体系奠定基础,能为播音主持艺术界的同仁们带来启发,能为中国的播音主持教育事业作出积极的贡献!

目 录

第一章 时政新闻播音 / 1
第一节 理论概述 / 1
　　一、什么是时政新闻 / 1
　　二、时政新闻播音的播报特征和基本要求 / 2
　　三、新闻播音的语言特征 / 3
　　四、时政新闻的播报技巧 / 3
第二节 示例分析 / 4
　　示例一　习近平同特朗普举行中美元首第二场正式会晤 / 4
　　示例二　中国共产党第十八届中央纪律检查委员会第六次全体会议公报 / 6
　　示例三　习近平就法国巴黎系列恐怖袭击事件向法国总统致慰问电 / 7
　　示例四　十八届五中全会公报允许普遍二孩政策 / 9
第三节 训练稿件 / 10
　　稿件一　习近平：发展航天事业　建设航天强国　为实现航天梦谱写新的壮丽篇章 / 10
　　稿件二　山东省十二届人大二次会议闭幕　郭树清当选山东省省长 / 11
　　稿件三　中国共产党党内法规制定条例公布 / 12

稿件四　国务院任免国家工作人员　/ 13
稿件五　俞正声在新疆干部大会上传达中共中央政治局常委会精神　/ 14
稿件六　中国共产党党员总数有多少？中组部最新数据：8 944.7万　/ 14
稿件七　习近平同特多鼓手一起"演奏"钢鼓　/ 16
稿件八　瑞士媒体表示李克强访瑞将促进双边经贸关系发展　/ 16
稿件九　俄称今夏将与中国联合举行最大陆地反恐军演　/ 17
稿件十　第四届世界和平论坛开幕　李源潮出席开幕式致辞　/ 18

第二章　民生新闻播音　/ 20

第一节　理论概述　/ 20

一、什么是民生新闻　/ 20
二、民生新闻的主要特点　/ 21
三、民生新闻播音的播报特征　/ 21
四、民生新闻播音的基本要求　/ 22

第二节　示例分析　/ 23

示例一　高考那些事　/ 23
示例二　问计两会：让看大病不再难　/ 24
示例三　"学前教育三年行动计划"实施近三年　1 300万名农村幼儿获益　/ 26
示例四　济南：爱心早餐券　温暖环卫工　/ 27
示例五　威海：骗子演"双簧"　水果卖"天价"　/ 28
示例六　龙口：4个孩子落水遇险　众手掀起爱心巨浪　/ 30

第三节　训练稿件　/ 34

稿件一　济南历城：不让一个困难学生掉队　/ 34
稿件二　住不上的新房　/ 35
稿件三　济南：捐献造血干细胞　传递爱心正能量　/ 39
稿件四　5月房价整体上涨　济南同比上涨5.5%　/ 40
稿件五　济南：轨道交通环评二次公示　三条路线总长95.6公里　/ 41
稿件六　济南：交钱办卡　游泳馆突然关门了　/ 42

稿件七　轻信"部队采购"　一广告公司遭遇骗局　/ 43

第三章　财经新闻播音　/ 45
第一节　理论概述　/ 45
一、什么是财经新闻　/ 45
二、财经新闻播音的基本要求　/ 46
三、财经新闻播音的具体要领　/ 48

第二节　示例分析　/ 49
示例一　资源税改革7月1日起全面推开　/ 49
示例二　全球股市上半年震荡走低　大宗商品表现抢眼　/ 50
示例三　医疗服务价格改革要强化"总量控制"　/ 51
示例四　默克尔首谈刺激政策　德国经济政策或"转向"　/ 53

第三节　训练稿件　/ 55
一、财经消息　/ 55
稿件一　Gung-Ho一年暴涨60倍　中青宝股价大涨36%　/ 55
稿件二　1—3月美国GDP增速下调至1.8%　/ 55
稿件三　巴西成为2012年第四大吸引外资国　/ 56
稿件四　下月起　企业职工基本养老保险单位缴费比例调降至20%　/ 56
稿件五　发改委:部分一线城市房价上涨趋势已得到有效抑制　/ 57
二、财经通讯　/ 58
稿件六　奔驰中国销售不振拖累全球销量　遭总部内部整顿　/ 58
稿件七　各省最新物价数据出炉　看看你那里什么涨什么跌　/ 59
稿件八　银行卡收单新规将出台　个体工商户无法刷信用卡　/ 61
稿件九　2012年澳大利亚出口量增长强劲　/ 62
稿件十　西方国家推销"大炮"换黄油　/ 63
三、财经评论　/ 64
稿件十一　部分药品售价高出厂价5到6倍　专家:药价虚高是普遍现象　/ 64
稿件十二　人民币国际化征程"最后一公里"　专家:外汇市场已经逐渐开放(节选)　/ 66

第四章　体育新闻播音　/ 69

第一节　理论概述　/ 69
一、什么是体育新闻　/ 69
二、体育新闻播音的基本要求　/ 69
三、体育新闻播音的技巧　/ 70

第二节　示例分析　/ 71
示例一　冲第10冠！尤文狂胜晋级 进球盛宴唯1人失意　/ 71
示例二　米兰官方确认沙拉维跖骨骨折 伤6周无缘战尤文　/ 74
示例三　网坛天王需"标"新立异 穆雷发布个人标识　/ 75

第三节　训练稿件　/ 79
稿件一　孙杨再度无缘浙江体坛十佳候选 缺乏正能量？　/ 79
稿件二　第四届伊春国际女子冰壶赛揭幕 中国队首战告捷　/ 80
稿件三　体育官员：速度滑冰新人成长快 冬奥有望新突破　/ 81
稿件四　拜仁7-1罗马技术统计：射门22对12 拜仁传控完胜　/ 83
稿件五　巨星PK！苏神解禁贝尔伤停 梅西C罗再演双雄会　/ 83
稿件六　曝尤文欲购迪亚曼蒂 中超失意人仍是意甲香饽饽　/ 85
稿件七　恒大第二个"五年计划"：与国际接轨冲世界前20名　/ 86
稿件八　北京19分痛宰吉林夺赛点 京粤双赢共盼相约四强　/ 88
稿件九　哈里·凯恩变英超头号神锋 下一目标瞄准国家队　/ 89

第五章　文化娱乐新闻播音　/ 93

第一节　理论概述　/ 93
一、文化新闻　/ 94
二、娱乐新闻　/ 94
三、文化新闻与娱乐新闻的异同　/ 95
四、文化娱乐新闻播音的要求和要领　/ 96

第二节　示例分析　/ 96
示例一　文化体制改革 贴市场 出精品 影视剧赢得好口碑　/ 96
示例二　《中国汉字听写大会》首播受捧　/ 97
示例三　节俭办晚会　/ 99
示例四　《中国好声音》全面拉开导师考核序幕　/ 100

第三节　训练稿件　/ 102
　　稿件一　蛇年春晚今晚 8 点播出　央视荧屏多彩节目陪您一起过大年　/ 102
　　稿件二　9 个剧目进济南"新青年"大学生戏剧节决赛　/ 104
　　稿件三　郭敬明只给《小时代》打 60 分　不在意口碑两极化　/ 105
　　稿件四　海外闹元宵　共庆中国节　/ 107
　　稿件五　电视综艺节目开启公益模式　/ 108
　　稿件六　中央电视台 2015 年度《感动中国》人物揭晓　/ 109
　　稿件七　《茉莉花》中西合璧　绽放春晚　/ 109
　　稿件八　【你我中国梦　全面建小康】红红火火过大年　/ 110
　　稿件九　【时代先锋】阎肃：德艺双馨　为时代而歌　/ 111
　　稿件十　纪念中国人民抗日战争暨世界反法西斯战争胜利 70 周年文艺晚会《胜利与和平》在京隆重举行　/ 112
　　稿件十一　《奔跑吧兄弟》第四季阵容公布：7 人都在　邀你来献策　/ 114
　　稿件十二　《我是歌手》李玟成"三冠王"　王晰垫底　容祖儿首秀入三甲　/ 115
　　稿件十三　世界各地喜迎 2013 年　/ 116
　　稿件十四　2012 中国电视剧年度明星盛典即将举办　/ 117
　　稿件十五　清明节我台荧屏编排凸显文化特色　/ 118
　　稿件十六　"2011 计划"首批认定名单公示　/ 119
　　稿件十七　中国动漫产业步入转型关键期　/ 120
　　稿件十八　《五月的鲜花——我们的中国梦》今晚直播　/ 121
　　稿件十九　《中国最强音》三强出炉　罗大佑组全军覆没　/ 122
　　稿件二十　奥斯卡落幕　小李终获影帝　/ 123

第六章　新闻评论　/ 126
第一节　理论概述　/ 126
　　一、什么是新闻评论　/ 126
　　二、新闻评论的分类　/ 126
　　三、评论播音的特点　/ 129

第二节　示例分析 / 130

一、社论、本台评论 / 130

示例一　让我们一起成就梦想——元旦献词 / 130

二、评论员文章、本台评论员文章 / 132

示例二　解决欠薪难题不能光靠媒体效应 / 132

三、短论、本台短评 / 134

示例三　振翅蓝天向高飞 / 134

四、述评 / 135

示例四　高考：变与不变 / 135

五、编后话 / 138

示例五　我国多地雾霾笼罩 / 138

六、时评 / 141

示例六　马斌读报（节选） / 141

七、谈话评论 / 142

示例七　文明旅游应该靠教育 / 142

八、录音述评 / 145

示例八　中国保护知识产权不是权宜之计 / 145

第三节　训练稿件 / 146

一、社论、本台评论 / 146

稿件一　最美中国红 / 146

稿件二　贵州新精神的启示 / 147

二、评论员文章、本台评论员文章 / 148

稿件三　破格提拔干部要从严 / 148

稿件四　刹住浪费　管好三"公"要遏制的浪费不止在舌尖上 / 150

三、短评、本台短评 / 151

稿件五　灭公款消费"虚火" / 151

稿件六　社会呼唤爱心接力 / 152

四、述评 / 152

稿件七　衡阳司法局正副局长互殴　组织部出面双方"言和" / 152

稿件八　规划打架　新路"开膛" / 154

五、编后话 / 156
　　稿件九　工信部部长李毅中接受中央台记者采访:要通过调结构 在实体经济层面夯实经济增长基础 / 156
　　稿件十　博士西部创业 基层成就梦想 / 157
　　六、时评 / 158
　　稿件十一　加速培育国内光伏市场 / 158
　　稿件十二　第一时间·王凯读报 / 160
　　七、谈话评论 / 161
　　稿件十三　寻找绿色生产力 / 161
　　八、录音述评 / 163
　　稿件十四　扩大内需必须注意节能减排 / 163

后记　/ 165

第一章 时政新闻播音

教学目标：掌握时政新闻播音的基本要求、语言特征及相关技巧。
教学重点：新闻播音的语言特征及时政新闻的播音技巧。
教学难点：时政新闻播音技巧的实际运用。
课时安排：10课时。

第一节 理论概述

一、什么是时政新闻

时政新闻是时事、政治领域的新闻报道。

"'时政新闻'从字面上可以解释为时事政治新闻。在《新闻学大词典》中并没有'时政新闻'或是'时政报道'的专门词条，但对'政治报道'有解释：政治报道是指对国家、政党和公民的政治思想、政治会议、政治事件、政治外交以及日常政治生活等方面的报道。

"《中国新闻实用大辞典》对'政治新闻'所下的定义是：'报道国家、政党、社会团体、知名人士在国内、国际方面的政治主张、言论、行为与活动，以及社会上的政治思潮、政治事件、政要任务更迭等方面的新闻。'

"随着新闻传播实践的发展，在现实的新闻实践中，'时政新闻'已是一个普遍使用的概念。

"我们认为,时政新闻,简言之是关于时事、政治领域的新闻报道。具体来讲,是有关国家和政党最新的国务活动、政治活动、方针政策,及国内外新近发生、变动的重大事件的报道。"①

时政新闻具有较强的政治性和政策性。时政新闻播音不仅是国家政党对内进行政治宣传、对外进行形象建设的重要媒介,也是民众进一步了解国事、关注民生的主要渠道。因此,时政新闻播音作为一种政治传播方式,必然要传递出权威的声音,承担起更多的社会责任。

二、时政新闻播音的播报特征和基本要求

1. 播报特征

把握新闻稿件的结构特征,对于掌握新闻的播报特征具有重要作用。时政消息包含新闻稿件的"四段式"结构,即导语、主体、背景和结尾(不是所有稿件都包含完整的四个部分)。与其他类型消息的叙事方式不同的是,时政消息叙事规整、体例讲究,有一定的模式化特征。时政新闻播音在导语、主体、背景和结尾的表达过程中具有独特的播报特征。

(1) 导语:导语部分的播音要提纲挈领,导向鲜明,树立高度,快速感染受众,体现新闻价值,避免语势平直架起。

(2) 主体:主体部分的播音顺势展开,宏观把握,微观落实。注意确定重点和层次,导向引领内部层次归堆抱团,避免"从头再来",造成"一盘散沙"。

(3) 背景:发挥内在语的作用,进一步体现新闻价值。

(4) 结尾:首尾呼应,自信平稳。

2. 基本要求

(1) 提高导向意识:时政新闻播音对社会舆论起引导作用,播音员必须立足全局的高度,联系播出背景,强化导向意识。因此,播音员要有较强的新闻敏感度、较高的政策水平,强化播讲愿望,提炼出新闻价值。

---

① 吴信训. 新编广播电视新闻学教程[M]. 上海:复旦大学出版社,2011:3.

(2)把握态度分寸：时政新闻播音客观、公正,但"纯客观"的报道是不存在的。要把握好政治分寸和态度倾向,体现出新鲜感。播音员应从宣传目的出发,用内在语控制语气,使主观倾向含而不露。

三、新闻播音的语言特征

新闻播音的语言特征是：

(1)朴实无华——以叙述,尤其以概述为主,语气平实,无浓墨重彩。
(2)准确清晰——语音规范,字正腔圆,语句规整,层次清晰,语意集中。
(3)简洁明快——"感而不入",音色明亮,语势常扬,不悠荡,不拖腔甩调。
(4)平稳顺畅——语势无大起大落,重音少而精,少停多连。少吸勤补,换气无声。[①]

四、时政新闻的播报技巧

时政新闻具有重要的政治功能和宣传作用。时政新闻播音多采用播报式、宣读式,与其他类型新闻播音相比较,规整性要求最强,口腔控制力度最大,气息控制最沉稳,讲究整体的顺畅与和谐。在语音、发声、表达上的技巧总结如下：

声音坚实、洪亮,体现出新鲜感、严肃感和持重感。

口腔控制力度较大,字正腔圆,字音标准清晰,吐字饱满利落。

气息沉稳顺畅,膈肌活跃,带有明显的弹发跳跃感。安排好换气位置,用抢气、就气、偷气等不明显的方式换气。

停连、重音、语气、节奏等表达处理要谨慎、稳妥、规范,很少带有随意性。少停多连,重音少而精,语气客观明朗,语势常扬,节奏明快,语流平缓。

此外,避免因一味追求播音的规整性和庄重性而造成的"高腔唱调"；避免过于追求咬字力度,使气息僵硬,造成"蹦字"现象；避免过分强调声音的坚实、明亮,使声音欠缺弹性,造成"砸字"现象等。总之,时政新闻播音应力求做到：规整而自如,庄重而自然,坚实而柔韧。

[①] 高蕴英. 教你播新闻[M]. 北京：中国广播电视出版社,2005：25.

第二节 示例分析

示例一

习近平同特朗普举行中美元首第二场正式会晤

当地时间7日,国家主席习近平在美国佛罗里达州海湖庄园同美国总统特朗普举行中美元首第二场正式会晤。两国元首就中美双边重要领域务实合作和共同关心的国际及地区问题广泛深入交换意见。双方认为,这次两国元首会晤是积极和富有成果的。双方同意共同努力,扩大互利合作领域,并在相互尊重的基础上管控分歧。

习近平指出,中美元首这次海湖庄园会晤对中美关系发展具有特殊重要意义。我同总统先生进行了长时间深入沟通,加深了彼此了解,增进了相互信任,达成了许多重要共识,建立起良好工作关系。双方要不断巩固已建立起来的关系,深化友好合作,推动中美关系向前发展,更好造福两国和两国人民,为促进世界和平、稳定、繁荣尽到我们的历史责任。

习近平强调,中美已经互为第一大贸易伙伴国,两国人民都从中受益良多。中国正在推进供给侧结构性改革,不断扩大内需,服务业占国民经济比重不断提高。中国经济将保持良好发展势头,中美加强经贸合作前景广阔,双方要抓住这个机遇。中方欢迎美方参与"一带一路"框架内合作。

习近平指出,两军关系是中美关系的重要组成部分。军事安全互信是中美战略互信基础。双方要保持两军各级别交往,继续发挥好中美国防部防务磋商、亚太安全对话等对话磋商机制作用,用好将建立的联合参谋部对话机制新平台,落实好双方已经商定的年度交流合作项目,用好并不断完善重大军事行动相互通报信任措施机制和海空相遇安全行为准则两大互信机制。双方要共同努力,不断增进两军互信和合作。

习近平强调,中方愿同美方加强执法合作,共同打击贩毒、拐卖儿童、洗钱、网络犯罪、有组织犯罪等各种形式的跨国犯罪。中美在维护网络安全方面拥有重要共同利益。双方要利用好执法及网络安全对话机制,共同推动和建设和平、安全、开放、合作、有序的网络空间。中国正在全力反对腐败,希望美方在追逃追赃方面给予中方更多配合。

习近平强调,人文交流是两国关系的地基。两国人民对彼此素怀友好感情。双方应该加强人文交流,扩大两国人民友好往来,推动校际合作,促进旅游业合作,拓展艺术交流,加强体育合作,开展医疗卫生合作,夯实两国关系民意基础,给中美关系长期健康发展提供更多正能量。

习近平向特朗普介绍了中国发展理念,强调中国坚定不移走和平发展道路,不奉行你输我赢的理念,不走国强必霸的老路,愿同美方一道维护世界和平、稳定、繁荣。

特朗普表示,我和美方团队非常荣幸在海湖庄园接待习近平主席和中国代表团。我同习近平主席谈得很好,建立了非凡的友谊。此次会晤取得重要、丰硕成果,有力推动了美中关系向前发展。双方团队已经通过启动外交安全对话、全面经济对话进行了直接沟通交流,并取得实质性进展。美方愿同中方继续加强经贸、两军、人文等各领域合作,支持中方追逃追赃方面的努力。美方将同中方开展合作,努力消除影响两国关系的因素和问题,使美中关系实现更大发展,美中关系一定能发展得更好。

王沪宁、汪洋、栗战书、杨洁篪、房峰辉,美国国务卿蒂勒森及多位内阁成员、白宫高级官员等出席。

会晤后,习近平同特朗普到秀丽宜人的海湖庄园中散步,在轻松友好的气氛中继续就两国友好合作进行讨论。

两国元首会晤前,国务院副总理汪洋同美国财政部长姆努钦、商务部长罗斯启动中美全面经济对话机制,国务委员杨洁篪同美国国务卿蒂勒森、国防部长马蒂斯启动中美外交安全对话机制,双方就相关问题进行了深入交流,商定了两个机制下一步工作的议程。两国元首对两个机制启动及取得的初步成果感到满意。

(中央电视台《新闻联播》2017年4月7日)

示例分析：（1）划分层次：本条消息遵循新闻稿件独特的"四段式"结构特征，分别为导语、主体、背景和结尾。

（2）概括主题：在新的历史起点上加强中美关系，发展规划蓝图，突出交流合作，共同造福于两国人民。

（3）联系背景：中美关系的发展变化是世界关系发展变化的一个重要组成部分。中美两国重新打开交往大门以来，在中国几代领导人和美国历届政府的共同努力下，两国关系保持了稳定发展势头；但在某些领域确实存在分歧。总体来讲，中美两国合作多于冲突，共同利益远大于彼此分歧。

特朗普新任美国总统，将打开中美关系新的篇章。双方将继续致力于相互尊重、增进互信、拓展合作、妥处分歧，走出一条和平相处、合作共赢的新型大国关系之路。

（4）明确目的：引导人们对中美关系的健康发展充满希望。

（5）找出重点：本条消息的重点部分是第2自然段至第7自然段。说明了习近平主席对中美关系的重要认识，并对两国关系未来发展作出展望。

（6）确定基调：沉稳、端庄、明快。

示例二

中国共产党第十八届中央纪律检查委员会第六次全体会议公报

中国共产党第十八届中央纪律检查委员会第六次全体会议，于2016年1月12日至14日在北京举行。出席这次全会的中央纪委委员124人，列席226人。中共中央总书记、国家主席、中央军委主席习近平出席全会并发表重要讲话。李克强、张德江、俞正声、刘云山、王岐山、张高丽等党和国家领导人出席会议。

全会由中央纪律检查委员会常务委员会主持。全会总结2015年纪律检查工作，部署2016年任务，审议通过了王岐山同志代表中央纪委常委会所作的《全面从严治党，把纪律挺在前面，忠诚履行党章赋予的神圣职责》的工作报告。

全会认真学习、深刻领会习近平总书记重要讲话。一致认为，讲话站在时代发展和战略全局高度,充分肯定深入推进党风廉政建设和反腐败斗争取得的新成效,深刻分析依然严峻复杂的形势,明确提出当前和今后一个时期工作的总体要求和主要任务。

全会号召,要更加紧密团结在以习近平同志为总书记的党中央周围,求真务实、真抓实干,不负重托、不辱使命,不断开创党风廉政建设和反腐败斗争新局面,为夺取全面建成小康社会新胜利作出新的更大贡献。

(中央电视台《新闻联播》2017年1月14日)

示例分析:(1)划分层次:本条消息共分为4个自然段,第1自然段是导语,第2、3自然段是主体,第4自然段是结尾。

(2)概括主题:这是一则会议报道,介绍了中国共产党第十八届中央纪律检查委员会第六次全体会议召开的相关情况。本次会议的主要议题是继续从严治党、规范党纪,不断开创党风廉政建设和反腐败斗争新局面。

(3)联系背景:党风党纪是关系中国共产党生死存亡的头等大事。一方面,现在党的腐败问题频发,反腐败斗争面临前所未有的困难与挑战;另一方面,在党中央一系列大刀阔斧的监督管理下,党纪问题也得以改善。此次会议的召开,对于党风廉政建设的开展将有一定的推动作用。

(4)明确目的:引导人们对党风廉政建设和反腐败斗争充满希望。

(5)找出重点:本条消息的重点部分是第2、3自然段,说明了此次会议的主要内容。

(6)确定基调:沉稳、持重。

示例三

习近平就法国巴黎系列恐怖袭击事件向法国总统致慰问电

11月14日,国家主席习近平就法国巴黎系列恐怖袭击事件向法国总统奥朗德致慰问电。

习近平表示,惊悉巴黎发生系列恐怖袭击事件,造成惨重的人员伤亡。在此法国人民悲伤的时刻,我谨代表中国政府和人民,并以我个人的名义,对这一野蛮行径予以最强烈的谴责,向不幸遇难者表示深切的哀悼,向伤员和遇难者家属表示诚挚的慰问。习近平指出,中国一贯反对一切形式的恐怖主义,愿同法国及国际社会一道,加强安全领域合作,共同打击恐怖主义,维护各国人民生命安全。

据悉,法国首都巴黎13日晚发生多起恐怖袭击事件,造成百余人死亡。系列袭击事件造成至少128人死亡,300人受伤,其中近90人伤势严重。

事件发生后,法国总统奥朗德宣布全国进入紧急状态,并关闭边境。总统府之后发表声明,将关闭边境改为加强对边境的管控。目前法国方面已经调动1 500名军人加强巴黎安保。法国总统奥朗德14日在电视讲话中宣布,将为13日巴黎系列枪击爆炸事件死难者举行3天哀悼。

(中央电视台《新闻联播》2015年11月14日)

示例分析:(1)划分层次:本条消息有4个自然段,依次为导语、主体、背景、结尾。

(2)概括主题:这是一条国际新闻,介绍了习近平主席代表中国人民及其本人就法国巴黎系列恐怖袭击事件向法国总统奥朗德致电慰问。同时,这条消息倡议国际社会一道加强安全领域合作,共同打击恐怖主义,维护各国人民生命安全。

(3)联系背景:反恐是各个国家的共同愿望。近年来,恐怖袭击频发,给各国人民带来了深痛的灾难,为此各国应加强合作,共同打击恐怖主义。

(4)明确目的:引起人们对恐怖袭击事件的关注,表明中国在反恐问题上的态度与立场。

(5)找出重点:本条消息的重点部分是第2自然段,说明了中国政府对此次事件的关注,表明中国政府的观点与立场。

(6)确定基调:沉重、关切。

示例四

十八届五中全会公报允许普遍二孩政策

党的十八届五中全会今日闭幕,会议决定:坚持计划生育的基本国策,完善人口发展战略,全面实施一对夫妇可生育两个孩子政策,积极开展应对人口老龄化行动。这是继十八届三中全会决定启动实施"单独二孩"政策之后的又一次人口政策调整。

2013年11月,中共十八届三中全会审议通过《中共中央关于全面深化改革若干重大问题的决定》。《决定》提出,坚持计划生育的基本国策,启动实施一方是独生子女的夫妇可生育两个孩子的政策,逐步调整完善生育政策,促进人口长期均衡发展。

2015年,全国多地"单独二孩"政策相继迎来实施一周年,可两孩申请并未出现公众预期的"井喷式"增长,引发外界极大关注。以山东为例,数据显示,目前山东进入婚育年龄的女性,有90%都符合双独或单独的政策,但是申请二孩的比例还不足5%。曾经的"众望所归",如今却备受冷落。

有关专家呼吁,党的十八届五中全会有关启动实施"全面放开二孩"政策非常必要。

(改编自腾讯新闻网2015年10月29日)

示例分析:(1)划分层次:本条消息共4个自然段,依次为导语、主体、背景、结尾。

(2)概括主题:这是一条涉及国家政策法规的新闻消息,主题是国家计划生育政策的调整。为应对我国的老龄化社会问题,国家启动实施"全面放开二孩"政策。

(3)联系背景:目前,我国老龄化问题严重,多地实施"单独二孩"政策,但是成效不大。此次,使"全面放开二孩"政策成为一项基本国策予以实施,也在一定程度上表明了国家逐步调整完善生育政策,促进人口长期均衡发展的意图和决心。

(4)明确目的:引起人们对"全面放开二孩"政策的关注。

(5)找出重点:本条消息的重点部分是第1自然段,说明了国家对计划生育政策的调整。

(6)确定基调:大气、积极。

第三节　训练稿件

稿件一

习近平:发展航天事业 建设航天强国　为实现航天梦谱写新的壮丽篇章

中共中央总书记、国家主席、中央军委主席习近平11日晚在酒泉卫星发射中心接见天宫一号与神舟十号载人飞行任务参研参试单位代表。他代表党中央、国务院、中央军委,向神舟十号飞船发射成功表示热烈祝贺,向参加这次载人航天飞行任务的全体同志致以诚挚问候。

19时30分许,习近平来到酒泉卫星发射中心东风体育馆,同天宫一号与神舟十号载人飞行任务参研参试单位代表亲切握手、合影留念。

在热烈的掌声中,习近平发表了重要讲话。习近平指出,今天,神舟十号飞船成功发射、准确入轨,我国第五次载人航天飞行任务首战告捷,此时此刻,感到十分高兴和激动。

习近平说,神舟十号载人航天飞行任务是我国载人航天工程"三步走"战略第二步第一阶段的收官之战,对巩固和完善空间交会对接技术、推动空间实验室和空间站建设具有重要意义。他希望同志们总结经验、再接再厉,精心做好各项后续工作,确保任务取得全面胜利,在实现航天梦的征程中谱写新的壮丽篇章。

(改编自人民网2013年6月12日)

训练提示:神舟十号飞船发射成功是一件举国欢庆的大事。播音时要站在一定高度,注意态度分寸的把握,用内在语控制语气,自豪感含而不露。

导语部分语势扬起。主体在导语扬停的基础上展开,语速放缓。结尾部分层层深入,表达对未来的希望。

稿件二

山东省十二届人大二次会议闭幕 郭树清当选山东省省长

6月4日,山东省第十二届人民代表大会第二次会议在山东会堂隆重开幕。

大会主席团执行主席姜异康、高晓兵、柏继民、贾万志、温孚江、尹慧敏、于建成、宋远方、翟鲁宁在主席台前排就座。郭树清、刘伟、王军民在主席台就座。大会共有代表910名,出席开幕大会的代表855名,符合法定人数。经过表决,会议通过了省十二届人大二次会议选举办法。

山东省第十二届人民代表大会第二次会议5日上午在山东会堂闭幕。郭树清当选山东省人民政府省长。

郭树清,男,汉族,1956年8月生,内蒙古察右后旗人,博士研究生学历,毕业于中国社会科学院研究生院马列系科学社会主义专业,法学博士学位。1974年8月参加工作,1984年4月加入中国共产党,历任贵州省副省长、中国人民银行副行长、中国建设银行董事长、中国证券监督管理委员会主席。2013年3月任中共山东省委副书记,山东省人民政府副省长、代省长、党组书记,第十七届中央候补委员,十八届委员,第十届全国政协委员。

(改编自人民网、新华网2013年6月6日)

训练提示:会议新闻的播音,要求播音员有较强的新闻敏感度,善于在程序化的报道中提炼出新闻价值,用积极的播讲愿望把会议精神传达清晰,让受众感受到"新意"。这条消息最大的新意在于"郭树清当选山东省人民政府省长"。导语部分注意会议名称的播读要流畅、清晰。主体部分的播读要顾及大会程序的层次性。注意重音的播读,比如"5日上午""闭幕""郭树清"。播读人名时语势要有起伏,避免语势平直。

稿件三

中国共产党党内法规制定条例公布

中国共产党 27 日公开发布了两部党内新法规《中国共产党党内法规制定条例》和《中国共产党党内法规和规范性文件备案规定》。

《制定条例》共分七章、三十六条，对中共党内法规的制定权限、制定原则、规划与计划、起草、审批与发布、适用与解释、备案、清理与评估等做出了明确规定。《备案规定》共十八条，对党内法规和规范性文件备案的原则、范围、期限、审查、通报等提出了具体要求。

对于一个有着 90 多年历史、8 200 多万党员、400 多万基层党组织的世界最大政党来说，加强党内法规制度建设是十分必要和迫切的。党内分析人士说，这是中共加强自身制度建设的最新重大举措，中共首次拥有了正式的党内"立法"，对于进一步提高党内法规制定质量、党的建设科学化水平必将发挥重要作用。

北京大学法学院姜明安教授评论说，这两部党内新法规的制定和公布，表明党的新一届中央领导集体高度重视党内法规建设，希望通过规范党内法规的制定、审查、备案和清理，促进从严治党。

(《新闻联播》2013 年 5 月 27 日)

训练提示：时政新闻报道担负着宣传党和国家的路线、方针、政策的重要任务。这条消息是对两部党内新法规的宣传与发布，具有较强的政策性。

播读这条消息，一要有权威感，体现此政策发布的重要性；二要有层次感和清晰度。播读时，对两部法规内容的阐述要条理清晰，重音要突出，将两部法规的名称、分别涉及的规定和要求作为主要信息点加以强调；还要注意语速适中，以说清为主，最后两个自然段的播读应高瞻远瞩、意味深长。

稿件四

国务院任免国家工作人员

中国政府网今天公布国务院任免国家工作人员的消息，涉及外交部、公安部、财政部、人力资源和社会保障部、国家发改委等17个部门。

任命刘振民为外交部副部长；任命郑泽光为外交部部长助理；任命李伟、刘彦平为公安部副部长；任命刘昆为财政部副部长；任命潘立刚兼任人力资源和社会保障部副部长；任命高燕（女）、房爱卿为商务部副部长，俞建华为商务部国际贸易谈判副代表；任命徐福顺为国务院国有资产监督管理委员会副主任；任命刘俊臣、孙鸿志为国家工商行政管理总局副局长；任命徐泽为国务院港澳事务办公室副主任；任命陈立为国家行政学院副院长；任命阎庆民为中国银行业监督管理委员会副主席；任命杨家才为中国银行业监督管理委员会主席助理；任命凌成兴为国家烟草专卖局局长；任命卢雍政为国家公务员局副局长；任命王伟为国务院三峡工程建设委员会办公室副主任；任命杨健为中央人民政府驻香港特别行政区联络办公室副主任；任命陈斯喜、仇鸿（女）为中央人民政府驻澳门特别行政区联络办公室副主任。

（改编自《人民日报》2013年6月9日）

训练提示：郑重宣告是这条消息的播读特点。

这类新闻较多采用宣读式。宣读式要求规整性最强、气息控制最沉稳、口腔控制力度最大，对播音员的语言功力要求最高。

由于事关重大，要注意播读的精准、语意的明晰。因此，这条消息在重音的强调、停连处理、语势运用、节奏分寸等方面必须严谨、规范，减少随意性。特别要注意的是，每一种职务名称要有所区分，句子以连为主，防止语意凌乱；语势稳健，以扬起和扬停为主；语速缓慢，节奏平稳。

稿件五

俞正声在新疆干部大会上传达中共中央政治局常委会精神

中共中央总书记、国家主席、中央军委主席习近平28日晚主持召开中央政治局常委会会议,研究部署维护新疆社会稳定、维护各族人民利益的工作。中共中央政治局常委俞正声率工作组于29日晨抵达乌鲁木齐,召开全区党政干部大会,传达中共中央政治局常委会会议精神,研究落实当前维护新疆社会稳定、维护各族群众利益的具体措施。

俞正声在会上表示,近年来,新疆经济发展形势是好的,但境内外民族分裂势力依然在加紧活动,影响新疆社会稳定的深层次问题尚未得到根本解决。近期连续发生少数犯罪分子策划实施的暴力恐怖袭击案件,性质恶劣、后果严重,给新疆各族群众生命财产安全造成严重损失。这充分表明暴力恐怖活动是影响新疆民族团结、社会稳定的重大现实危害。新疆各族干部群众一定要把思想认识统一到中央对形势的分析判断上来,把行动统一到中央的决策部署上来,高举维护国家统一、维护民族团结、维护各族群众根本利益的旗帜,坚决反对和打击暴力恐怖势力、暴力恐怖活动,坚决维护人民生命财产安全,坚决维护民族团结、社会稳定,为新疆发展继续创造良好环境。

(中央电视台《新闻联播》2013年6月29日)

训练提示:这条消息的内容是维护新疆社会稳定、维护各族人民利益,播音员要有较强的政治责任感和新闻敏感度,播报风格要沉稳、持重。

稿件六

中国共产党党员总数有多少?中组部最新数据:8 944.7万

中央组织部最新党内统计数据显示,截至2016年年底,中国共产党党员总数为8 944.7万名,比上年净增68.8万名,增幅为0.8%。党的基层组织451.8万个,比上年增加10.5万个,增幅为2.4%。数据表明,中央关于新形势下党员队伍建设和基层党组织建设的部署要求得到贯彻落实,党的生机与活力进一步增强。

党员总量增速持续放缓,发展党员质量不断提高。2016年全国党员总量增幅为0.8%,比上年下降0.3个百分点,自2013年实施发展党员总量调控以来,党员总量年均净增幅为1.2%,较好实现了调控目标。在生产工作一线、高知识群体中发展党员比例继续提高,全年发展的191.1万名党员中,生产工作一线的95.3万名,占49.9%,比上年提高0.2个百分点;大专及以上学历的78.5万名,占41.1%,比上年提高1.5个百分点。

党员队伍结构进一步优化,整体素质得到提升。大专及以上学历党员4 103.1万名,占45.9%,比上年提高1.6个百分点;女党员2 298.2万名,占25.7%,比上年提高0.6个百分点;少数民族党员630.0万名,占7.0%,与上年持平。企事业单位、民办非企业单位专业技术人员党员1 324.1万名,占比提高0.2个百分点。基层党组织带头人队伍素质进一步提升,54.8万名村党组织书记中,致富带头人占47.2%,农村专业合作社负责人占10.0%;9.6万名社区党组织书记中,大专及以上学历的增加到5.4万名,占56.7%,比上年提高7.3个百分点。

各领域党组织建设得到加强,基层党组织政治功能不断强化,战斗堡垒作用不断显现。新增机关、国有企事业单位党组织1万个、1.7万个。新增非公有制企业、社会组织党组织4.6万个、4万个,覆盖率达67.9%、58.9%,分别比上年提高16.1、17.3个百分点。随着城镇化进程加快,新增社区党组织1.2万个。基层基础保障投入加大,全年新建或改扩建村级组织活动场所7万个。建立党群服务机构的村和社区分别占91.8%、90.7%,提高5.3和3.7个百分点。各级共选派驻村第一书记19.5万名。到社区报到为群众服务的在职党员1 260.3万名,增幅为17.5%。

(改编自新华网2017年6月30日)

训练提示:这条消息数字较多,但并不是每个数字都要强调,播报时注意区分数字的重要程度。

稿件七

习近平同特多鼓手一起"演奏"钢鼓

经过跨越太平洋、总共20多个小时的长途飞行,当地时间5月31日晚,中国国家主席习近平和夫人彭丽媛乘专机抵达加勒比岛国特立尼达和多巴哥的首都西班牙港。

这是中国最高领导人首次对特立尼达和多巴哥以及英语加勒比国家进行国事访问。特立尼达和多巴哥总统卡莫纳夫妇、总理比塞萨尔冒着细雨赴机场迎接习近平一行的到来。

夜色中的皮亚科国际机场,红毯铺地,仪仗队整齐肃立。习近平登上检阅台。军乐队奏中特两国国歌,鸣礼炮21响。习近平在特立尼达和多巴哥国防军总参谋长陪同下检阅了仪仗队。特立尼达和多巴哥大法官、参众两院议长、内阁成员、主要政党领袖等政要也到机场欢迎。

值得一提的是,在卡莫纳于机场为习近平举行的隆重欢迎仪式上,特立尼达和多巴哥国家钢鼓乐队进行了现场演奏,用欢快的乐曲欢迎中国贵宾。

习近平和夫人彭丽媛在卡莫纳总统夫妇和比塞萨尔总理陪同下走到他们面前,欣赏他们的精彩演出。习近平还同鼓手们一起敲击钢鼓,现场气氛友好热烈。

(改编自中国新闻网2013年6月1日)

训练提示:报道国家领导人出访、接待等重大政治活动时,应展现大国风范,沉稳大气、自信积极。

稿件八

瑞士媒体表示李克强访瑞将促进双边经贸关系发展

瑞士媒体24日积极评价中国国务院总理李克强对瑞士的访问,认为此访必将促进两国经贸关系发展,尤其是双方在金融领域的合作与交流。

新中国成立后,瑞士是首批承认并与中国建交的西方国家之一;中国实行改革开放后,瑞士一些知名企业创造了中外合资合作的多项第一;中国加入世界贸易组织后,瑞士政府在欧洲大陆国家中率先承认中国的完全市场经济地位。如今,瑞士成为欧洲大陆国家和世界经济20强国家中第一个与中国签署自贸协定的国家。自贸协定不仅有助于扩大双方经贸合作,而且会对中欧贸易乃至全球反对贸易保护起到示范作用。

瑞士国家广播电台说,中国正推进金融领域的改革,瑞士希望在中国金融业改革发展中有所作为。

瑞士通讯社援引瑞士经济部长施奈德-阿曼的话说,中国是瑞士在亚洲的主要贸易伙伴,他鼓励瑞士经贸界把握机遇,从中获益。

瑞士报纸《时代》发表文章说,瑞中经贸合作将产生双赢局面。中国企业在瑞士市场大有可为,瑞士也可以成为中国产品进入欧洲市场的桥头堡。

(改编自新华网2013年5月25日)

训练提示:这条消息是对李克强总理出访的高度评价,播报时应体现出一定的总结性与展望性。

稿件九

俄称今夏将与中国联合举行最大陆地反恐军演

俄罗斯中央军事区发言人27日透露,今夏俄将与中国在车里雅宾斯克州举行联合反恐军事演习,中俄双方将分别派出600人参加。俄媒称这是两国迄今最大规模的陆地联合反恐军演。

车里雅宾斯克州的演习预计于8月上中旬在该州切巴尔库尔靶场进行,中俄官兵还将于2013年夏秋季节在西伯利亚及乌拉尔地区举行摩托化步兵、坦克编队等联合战术演练。

近年来,中俄两国不断加强两军的合作和交流。除了在上合组织框架内举行"和平使命"联合军演外,去年两国海军首次在黄海举行了最大规模的联合演习。演习中动用了25艘战舰、两艘潜艇、10多架战机、直升机和大量空降兵。

2013年,中俄除大规模的海上联合军演颇受关注外,陆上演习亦凸显重要性。

外界评论说,从俄罗斯的角度看,俄正面临美国和北约从阿富汗撤军等问题,地区军事威胁仍然存在,需要与中国构建军事同盟关系;从中国的角度看,两国军事同盟可以覆盖欧亚大陆,在军事和政治上建立这样的盟友关系,可巩固地区安全,并形成巨大的地缘优势。

(改编自中国新闻网2013年5月28日)

训练提示:这是一条有关军事内容的消息,围绕联合反恐军事演习的播报应有一定的视野与高度。同时,鉴于两国的特殊关系,也应体现出一定的新闻敏感度。

稿件十

第四届世界和平论坛开幕　李源潮出席开幕式致辞

第四届世界和平论坛27日在清华大学举行,国家副主席李源潮出席开幕式并致辞。

本届论坛主题是"同舟共济:理解、协商、互助",论坛主席唐家璇和约500名中外嘉宾出席。

李源潮说,当今时代,世界各国发展的共同性、利益的共同性、挑战的共同性、治理的共同性日益突显,人类正在走向同舟共济的命运共同体。中国人民的命运与各国人民的命运息息相关、休戚与共。中国是人类命运共同体的积极倡导者、务实构建者、坚定维护者。和平安全是人类共同发展的前提,我们应发扬理解、协商、互助精神,通过理解达到友好、尊重、平等,夯实和平安全的互信基础;通过协商达到和平、和睦、和解,努力实现不同民族、不同宗教、不同文化和谐共生,不同国家、不同制度、不同社会和平共处;通过互助达到共同发展、共克时艰、合作共赢,推动建立更加平等、均衡的新型全球发展伙伴关系,携手构建人类和平安全命运共同体。

(改编自新华网2015年6月27日)

训练提示：这条消息是关于国际会议的时政新闻，用了一组排比句对"同舟共济：理解、协商、互助"的主题进行了解读。播报时要读出层次感。

思考与练习：

  1.简述时政新闻播音的基本要求。

  2.简述时政新闻播音的"四段式"结构特征。

  3.时政新闻播音多采用哪几种播报样式？

  4.简述时政新闻播音的语言特征。

  5.时政新闻播音的播报技巧是什么？

第二章　民生新闻播音

教学目标：了解民生新闻的特点，掌握各类民生新闻的播音技巧。
教学重点：民生新闻的概念和主要特点。
教学难点：民生新闻的播音技巧。
课时分配：10课时。

第一节　理论概述

一、什么是民生新闻

民生新闻是以关注人民生计、关心市民生活为主题的新闻。民生新闻是"平民视角、民生内容、民本取向"。它与市民的日常生活关系紧密，以展现普通百姓的生命、生存、生活为主要内容，以百姓的"身边事、麻烦事、稀奇事、关心事"为主要报道题材，通过记者现场调查、跟踪报道、嵌入式体验等灵活多样的方法采编制作，注重体现新闻的实用价值、娱乐价值和情感价值。因此，有学者认为，作为一种新闻传播范式，民生新闻的独特内涵主要包括：题材选择上的民生内容、报道立场上的平民视角、价值取向上的民本意识和报道方式上的民众话语。①

二、民生新闻的主要特点

民生新闻的主要特点体现在以下三个方面：一是民生新闻在内容上平民化、群众化。民生新闻内容来源于与百姓相关的事情、百姓关心的事情和感兴趣的事情。二是民生新闻在空间上的本土化。民生新闻报道的都是发生在当地百姓周围的新闻事件，突出了地方色彩，强化了百姓的地域感，让新闻真正融入到百姓的生活之中。三是民生新闻在语言表现形式上的口语化。新闻节目给人的感觉往往比较严谨、严肃，然而民生新闻采用了民间化、通俗化的语言表现形式，语言风格呈现出口语化特点。

三、民生新闻播音的播报特征

民生新闻主持人的播音方式不同于普通新闻，它不是照着稿件播新闻，而是在说新闻、聊新闻、评论新闻，有的还运用快板、评书等形式来播报新闻。目前电视民生新闻主要有两种播音形式：一种是对民生新闻消息的播音，一期节目由多个新闻消息组成；另一种是对民生新闻专题的播音，一期节目只报道一个新闻事件。

1.对于民生新闻消息的播音

民生新闻节目主持人在拿到稿件后，要充分做好串联词的准备工作，并配合画面对新闻事实或社会现象做简评。短评虽然只有三两句，但要恰到好处，不能过于随意，也不能过于刻板。

2.对于民生新闻专题的播音

民生新闻节目主持人可以在节目中用独立的时段对所报道的新闻专题进行评论，即"主持人小言论"。评论要体现主持人传播身份的平等性、议论话题的贴近性、谈话主体的交流感以及语言表述的个性化。

---

① 董天策.从范式角度审视民生新闻[J].现代传播,2006(4):33.

四、民生新闻播音的基本要求

1. 民生新闻播音要注重口语化

民生新闻以报道百姓生活为主要内容,所以播音语言也要易于百姓接受。民生新闻主持人在保持传统播音语言严谨准确、规范简洁等特点的同时,还要注重汲取口语通俗易懂、生动活泼的优点。以贴近群众的语言及表达方式将"播"与"说"结合起来,并且要善于把逻辑性较强的大段句群分解成较短的句子,重新进行组合来表达,从而有效提高观众对新闻内容的认可度。在播报民生新闻过程中,主持人采用口语化播音,一方面能突出其主持风格;另一方面能拉近与受众之间的距离,使受众感到亲切,容易产生共鸣。

2. 民生新闻播音要注重播报态度

播报民生新闻时,主持人的态度要恰当。首先,主持人要把主观倾向隐藏在播音的背后,对受众的影响要达到"润物细无声"的效果。其次,注意播音时语意的连贯性,避免因过多停顿造成语意分裂,影响受众理解事件。语气之间的转化衔接应该有起伏,针对不同的内容要有所变化。最后,播音时语速的把握也要恰当。例如,播不重要的内容,语速快且平实;播重要的内容,语速慢并加重语气。

3. 民生新闻播音要体现人文关怀

民生新闻播音要充分理解、感受新闻内容,并且在理性的评论中体现出人文关怀。民生新闻节目主持人必须具备"亲民"的特点,力图以个性化的、本色的、真诚的主持与受众进行平等交流。

4. 民生新闻播音要注意的其他几个问题

(1)民生新闻播音要避免语言过分随意,伤害受众感情。

(2)民生新闻播音原则上不要使用方言。因为在电视新闻报道中使用方言播音有失严肃性,我们所说的语言特色不是指方言,而是指主持人的语言感染力。

（3）民生新闻主持人的评论语言不能过于肤浅。对民生新闻主持人而言，其语言评论与价值取向很容易对受众产生影响，若评论语言不到位、缺乏说服力，就不能对社会中存在的各种丑恶现象进行深度分析，就会对节目的感召力产生负面影响。

第二节　示例分析

示例一

高考那些事

每一年高考都有各种各样的故事发生。您还记得，您那年的高考是什么样的吗？下面，我们就来盘点下发生在今年高考期间，各种感人的、惊险的、揪心的高考那些事。

84岁老人第13次高考

南京84岁的考生汪侠今年是第13次参加高考，但终因迟到错过了语文考试，惋惜之余我们也为老人的坚持鼓掌！

装甲车送考 霸气外露

强降雨导致内蒙古额尔古纳市境内部分地区交通中断，当地消防利用装甲运兵车等特种车辆运送交通受阻地区考生提前抵达高考考场，保证高考顺利进行。史上最霸气的送考，牛！

女生雨中赶考跌入排水渠后身亡

河北保定定州一位女孩在赶赴高考考场的路上不慎跌入排水渠中，不幸遇难。悲痛，愿女生走好！

男孩高考路上被劫持 错过语文考试

南京一名男生在去参加高考的路上，因父亲的债务纠纷遭人劫持，案发后几小时才被解救。但是语文考试还是耽误了，遗憾！

女生痛经考场内昏迷 男生抱起送医

在四川宜宾一考点考前,一名女生因痛经在考场昏迷,一名男生抱起昏迷女生找警察送医后返回考场。昏倒女生打完一针后坚持回去考试,迟到了两分钟。祝你们取得好成绩,人生考场,你们已经交了一份成功答卷。

(山东广播电视台公共频道《民生直通车》2013年6月9日)

示例分析:民生新闻节目的语言追求生活化,结构与形式也是灵活多变的。如本期节目主题是"高考",用高考的五个焦点事例体现了《民生直通车》节目的平民化风格,同时丰富了节目的形式及内容。

由于民生新闻节目的民本定位,会在传播中把受众的生活经验纳入传播效果的考查范围。如第三条"悲痛,愿女生走好!"几个字既是主持人的情感表达,更是广大受众的心声传递。第五条"人生考场,你们已经交了一份成功答卷"。短短一句话,让民生新闻谈话体的交流感表现得淋漓尽致。民生新闻节目注重语言、文字等符号的口语化,同时"平视平和"的传播态度也让节目更具意义。

示例二

问计两会:让看大病不再难

两会聚民意,问计重民生。很多"焦点爱问"的观众都在关注医改问题。实际上,很多观众留言,都对医改成绩充分肯定。当然大家也有期待,一是盼异地医保早日实现,二是愿大病医保更加全面。

如何改进?今天下午,两会召开医改新闻发布会,直接回应了群众最关心的问题。

关于异地医保和大病救助的问题,春节后,两会前,刚好有一个病例很说明问题。它不仅牵动人心,也引人深思。

邓鸣贺小朋友因为接连两年登上春晚舞台,成为不少观众熟悉和喜爱的小童星。然而就在不久前他不幸患上了急性白血病,现正在北京儿童医院接受治疗。突然袭来的大病让一家人心痛不已,也背上了沉重的经济包袱。一进医院,他们就交了5万元押金,而这些钱对于治病是远远不够的。

邓鸣贺家在河北省大名县的农村，曾经参加了当地的新农合。他在这里治疗的费用能不能报销呢？记者到大名县采访了解到，他可以按照新农合常规标准报销50%左右的医药费，却不能享受比例更高的大病报销。

我国从2010年启动了农村居民重大疾病保障工作，先是以农村儿童的先心病和急性白血病开始试点。到目前为止，共涉及白血病、肺癌等20种病纳入保障范围，最高可以报销90%，这跟过去比是了不起的进步。而具体到儿童白血病方面，由于急性淋巴细胞白血病和急性早幼粒细胞白血病这两种更加多发，占到所有发病儿童的75%左右，因此大病医保目前覆盖的是这两种。而邓鸣贺患的是另外一种更加少见的急性髓细胞白血病，目前还无法得到大病医保的补助。另外，他在不同地方的医院看病，享受的报销比例也不一样。

邓鸣贺如果是在户口所在的邯郸市治病，报销额度是70%，如果在省会看病，能报销60%，而在北京看病，只能报销50%，这还是在去年40%的基础上刚刚提升的。由于邓鸣贺生病前已经在北京市戏曲学校上学，就近到北京儿童医院治疗对他来说无疑是最为方便的。

据记者了解，目前小鸣贺已经获得了200多万元的社会捐助，治疗费不必发愁。这是好消息，我们为他高兴。但治病依然还得靠捐助，这也是让我们遗憾的地方。保障如何改进？让我们带着问题上两会，听听代表、委员们的好主意。

在政协会议医疗卫生界别的会场，我们找到了全国政协委员黄洁夫。

对于邓鸣贺这种情况，黄洁夫表示，建议国家对一些特别情况，用另外一种民政部的救助政策，要想全面解决医疗费这种情况，国家没有这个财力。

关于异地就医即时结算，黄洁夫透露，这个问题很快将得到实质性的推动。人大代表、工程院院士钟南山认为，考虑到老人的实际困难，可以从退休老人这个群体率先突破。

现在我国的医保分为职工医保、城镇居民医保、新农合医保三个部分，这样的格局给老百姓在具体参保过程中带来了一些不方便。人大代表郑功成是人民大学专门研究社会保障问题的教授，他认为解决这个问题最重要的是对目前的医保格局进行整合。

新医改三年来,国家医疗投入巨额增加,同时居民医疗费用增长也较快。统计显示:2007年,平均住院的费用是4 874元,2009年是5 775元,而到2011年达到6 909元。从这组数据如何看待?来听专家解读。李玲是北京大学国家发展研究院教授,一直密切关注新医改。她说,2007年,中国的医疗费用不到一万亿,但是到去年已经是2.2万亿了。就是说在医改过程中,医疗费用几乎翻一番,这也就是为什么医保覆盖程度不断加大,但是老百姓总感觉好像自己付得更多了的原因。实际上,费用的上涨抵消了政府的投入,政府的投入没有有效转化为老百姓的福利,所以下一步医改一定要尽快能使医疗体系回归到公益性。

(中央电视台《焦点访谈》2013年3月14日)

示例分析:这一期的《焦点访谈》是两会特别节目,内容选取了与百姓生活息息相关的医改问题。节目一开始采用汇集民声的方式反映了百姓的真切愿望,这在民生新闻节目中是人文关怀的重要体现。

新闻背景的提示为接下来的新闻内容做了很好的铺垫。切进画面后解说词详细介绍了邓鸣贺小朋友生病入院面临的费用报销难题,反映出本期节目的核心。节目中的问题一定是具有代表性的,所以无论是主持人"保障如何改进"的提问,还是代表委员针对邓鸣贺医疗费用报销等给出的意见和建议,都是对民生问题进行的沟通与疏导。节目最后,主持人说出了百姓的愿望——"尽快能使医疗体系回归到公益性",更体现了民生新闻"亲民"的特点。

示例三

"学前教育三年行动计划"实施近三年　1 300万名农村幼儿获益

2011年至2013年,国家实施"学前教育三年行动计划",由中央财政投入300亿元,带动地方财政投入1 000亿元,重点支持中西部地区发展农村学前教育。截至目前,这一项目已使1 300万名农村幼儿走进设施完备、拥有专业师资的幼儿园。

2007年,云南边境山区的冷泉镇中心幼儿园被安置在闲置的小学里,只能接收 60 多名幼儿。许多老百姓白天进山干活,只能把孩子一个人留在村里。

2010 年,当地政府把整栋教学楼改建成幼儿园,招聘了二十几名专业老师。班级从 2 个变成了 6 个,接收孩子 300 多名。

三年间,中央和云南省投入 20 多亿元支持地方幼儿教育事业发展,增加 1 000 所幼儿园,增加了 12 000 名幼儿教师,满足了 14 万名幼儿入园需求,学前三年的毛入园率从 37%提升到了 50%。

今年是国家"学前教育三年行动计划"的最后一年。截至目前,全国新建、改建、增设的幼儿园近 4 万所,投入 6 亿元培训了 17 万名农村幼儿园骨干教师,投入 8 亿元资助了 180 万名贫困儿童入园。2012 年,全国农村幼儿园在园幼儿已经达到 2 435 万人,比 2009 年增加约 700 万人,增长了约 40%。

(中央电视台《新闻联播》2013 年 6 月 7 日)

示例分析:新闻故事化、故事人物化、人物情节化、情节细节化是民生新闻的表现形式。播读时要注意:第一,把握好基调。本则新闻标题由演播室主持人口播,要让受众听懂"学前教育行动计划"实施近三年所取得的成绩是什么,受益人群是谁。第二,新闻主体部分重点报道了云南边境山区的冷泉镇中心幼儿园的变化,在播报时采用简单朴素的描述方式更能使观众产生强烈的共鸣。

示例四

济南:爱心早餐券 温暖环卫工

导语:如果问早上上班最早的职业是什么,很多人都会想到环卫工。他们一般凌晨三四点就开始干活,一扫就是一两个小时,可他们几点能吃上早饭,早饭又吃什么呢?今天,济南市 8 200 多名环卫工就得到一个好消息,有人给他们提供免费的早餐了。

记者:今天上午济南市城管局将和爱心企业一起为济南五个区和基扫大队的环卫工人发放 12 000 张这样的爱心早餐券,拿着早餐券可以到市区超意兴和金德利民早餐店领取价值三元钱的早餐。

(同期声)环卫工朱红梅:我只买两个火烧,只花 1 块 4,7 毛钱一个,再喝点水。为什么不买点好的呢？我舍不得。

解说：65岁的朱红梅每天早上4点就起床，从洛口骑着环卫车去干活要走1个多小时，等干完活吃上早饭已经快8点了，有时候太忙根本顾不上吃早饭。他们环卫所有60多名环卫工，这次领到了2 000张早餐券，能用半年多，这样他们不仅省下了不少钱，也不用再坐在马路边吃早饭了。

（同期声）环卫工朱红梅：也能吃上热乎饭了。以前在马路边吃，喝的水都凉了，只吃两个火烧。这次能吃上热乎的了。

解说：据了解，从去年12月起，济南市城管局就为环卫工成立了爱心早餐一元基金，由济南市慈善总会设立专门账户，截至目前共收到爱心捐款15万元，全部以爱心早餐券的形式发给全市8 200名环卫工人。

（山东广播电视台《民生直通车》2013年4月27日）

示例分析：本条新闻主题是"济南市城管局和爱心企业一起为环卫工人提供免费早餐"，播报前划分好稿件层次，理清稿件脉络，播读时才能游刃有余。以导语为例，第一，主持人口语化、生活化的表达是贴近受众的重要方式。第二，语言表达过程中要突出人文关怀，如"可他们几点能吃上早饭，早饭又吃什么呢？"不仅代表了主持人、节目组的关切，更是社会大众的共同关注。第三，突出重点，导语在问号结束之后出现的是新闻主题，主持人在播报时要注意节奏的把控。只有突出重点，才能深化新闻主旨。

示例五

威海：骗子演"双簧" 水果卖"天价"

解说："双簧"，大家在曲艺节目中经常看到。一个人在后面说，一个人在前面照着做。这在现实生活当中，也有双簧。

威海市民宋女士赶早市时，看到有人在出售一种叫作"台湾橄榄果"的绿色小果子，这碧绿的小果子看着晶莹剔透，很是诱人，宋女士就花300块钱买了一包。可拿回家仔细品尝才发现，这哪是什么橄榄果呀，分明就是树上结的酸杏！宋女士非常生气，第二天一大早又来到了早市，结果发现还是那帮人，这次不卖

"台湾橄榄果"了,而是改行卖起了"蓝莓"。宋女士用 DV 机拍下了他们行骗的整个过程。

(同期声)宋女士:我就立在那里 20 分钟,注意看,一看,发现这两人是托儿,来来回回。

解说:瞧瞧镜头里的这三位,一个人在摊位上叫卖,另外一男一女则在外围当托儿。有人询问价格时,叫卖人说 10 块,让人误以为 10 块钱一斤。而当交钱的时候,他就开始耍伎俩。

(同期声)宋女士:他拿一张纸片出来,告诉说,我这写的是 10 块钱一两,不是一斤,你听错了。实际上,他嘴上吆喝的是 10 块钱一斤。

解说:而骗子的把戏还远不止这些。您瞧,扮成托儿的那一男一女,反反复复过来购买,引诱市民上钩。

(同期声)宋女士:又开始买,你看,这个男的,100 元一斤,别人都慢慢挑,他一点都不挑,直抓,一会儿就回来了。

解说:女托儿更是演技高超,一看有顾客进来,她便抢先过来买。

(同期声)宋女士:你看,这个男的,非常聪明,用白袋挑东西,然后用黑袋包着,提着黑袋走,怕别人看见。你看,这个男的,又在这买。哎哎,刚才买了四五份,那个男的把买的放在旁边的纸壳箱上放着,又倒进去了。

解说:拍到证据后,宋女士拨打 110 报了警。威海市北沟派出所民警赶来,将三人带走。民警提醒,遇到这种围观抢购的事,最好不要凑上去看热闹,不要因贪图小便宜而吃大亏。

(山东广播电视台《民生直通车》2013 年 5 月 11 日)

示例分析:这则民生新闻重在通过一个事件,提醒人们在实际生活中不要因贪图小便宜而吃大亏。在明确新闻的宣传意义后,节目要做的就是把事件讲清楚、讲得有意思,所以在民生新闻中,趣味性也是很重要的一部分。另外,口语化表达、节奏紧凑、重点突出也是播报的重点。

示例六

龙口:4个孩子落水遇险 众手掀起爱心巨浪

导语:同样是溺水,近日,有4名儿童在龙口海边游泳时被退潮卷入海中,情况十分危急。现场的多名好心人冒着生命危险,第一时间跳入海中,劈波斩浪,合力救援,唱响了一曲高亢的大爱赞歌。

56岁赵海生 两次入海救人 英魂归大海

解说:事发当时,56岁的赵海生正在海边钓鱼,忽然听到海里有人大声呼救。他看到海里几个孩子正在拼命挣扎,随即扔下手中的钓竿,一边大喊不要害怕,一边迅速脱下衣服,跳入海中。

(同期声)目击者张树君:当时,我们俩正在钓鱼,他看到两个孩子冲下去了,听到喊救命。他就把那杆撂下,把衣服脱了就下去了。下去之后,那小孩经已冲老远了,得有个100多米了,他游到小孩跟前,都快300米远了,我看他挺有劲地往回拽那小孩。

解说:赵海生奋力拖回一个孩子交给岸上的人后,立即又返回海里去救另一个孩子。由于海况复杂,这时赵海生开始体力不支,最终昏厥在海里。我们了解到,赵海生1985年的时候,就在水里救过一个10多岁的孩子,1991年救过一个成年人,加上这次,他一共在水里救过4个人,其中救活了3个。

(同期声)赵海生的大女儿赵杰:我们只希望被我父亲救上来的孩子将来能好好地、健康地活下去,好好地活着,珍惜着我父亲用生命给他换回来的生命,将来他能好好地对这个社会作出点贡献。

解说:赵海生带着没有救上第二个孩子的遗憾走了,但他喜欢大海,他的女儿们把他的部分骨灰撒向了大海,让他永远可以和大海在一起。

(同期声)赵海生的大女儿赵杰:爸,你不是说你叫海生嘛,你喜欢大海,你是在海里走的,你愿意在这钓鱼,我把您的骨灰带来了。

张春泰老人 提供救生圈下海救人

解说:4个孩子落水,事情紧急,参与救援的人越来越多。在众人的共同努力下又救上了第二名儿童。第三名儿童和赵海生随后也被救了上来,立即送往了医院。在这一救援过程中,有一位叫张春泰的老人。

(同期声)参与救人者张春泰:当时,我就开着三轮车,我从这儿过来。完了正好这边一帮好几十个人,能有100来人,连哭带喊的,我就把那个救生圈从车上拿下来,开始没人下,我就下去了。

解说:后来我们得知,张春泰老人参与救援的就是跳入海中救上一名儿童的赵海生。

(同期声)参与救人者张春泰:结果到跟前,我给拽着,我给他翻过来一看,就已经不行了,是个60来岁的老头。我就拽到这块,完了又下去一个人。

休班民警付绍刚 第一时间入海救人

解说:张春泰所说的又下去一个人是一名叫付绍刚的民警。当天他正在休班陪朋友到事发地办事。看到有人落水,他也第一时间跳入海中进行救人。

(同期声)民警付绍刚:当时听到有人说,有人落水了嘛,不管作为一个公民也好,特别是作为一名警察,我觉得保护人民生命财产是我们的职责,是应该做的。当时没考虑太多,我就直接下去参与救援了。当时可能是没有准备,去的时候,我感到就是说,能以最快的时间过去对那边落水者抢救的时间能更充足。

解说:当付绍刚把赵海生拖到岸边以后,已经体力不支,开始虚脱,看到有边防和消防的同事到了之后,他就悄悄离开了。据付绍刚介绍,现场还有许多参与救援的无名英雄。

南山集团高继民、姜绍峰相继下水救人

解说:南山集团东海保卫处的几名安保人员也参与了当天的救援。事发当时,他们正在沿海公路上巡逻,接到了办公室的报警电话后,他们第一时间赶向事发现场。

(同期声)东海保卫处工作人员高继民:第一眼就看见落水儿童在水里飘着。

解说:看见情况紧急,几个会水的同事赶紧跳下水救人,高继民虽然肩膀有伤,却仍然跑进了浅水处,帮助一起救援。

(同期声)东海保卫处工作人员高继民:当时那个情况,谁看见谁也红眼,有点人心的人马上就能去救。

（同期声）东海保卫处工作人员姜绍峰：我当时看见有人落水我也没有想太多，就想早点把他救上来，然后我就脱了衣服往下走。

港栾派出所、消防通海路中队集体救援

解说：当天上午10点04分，港栾派出所接到报警中心指令，他们迅速组织人员在三分钟内赶到了现场。当时岸边已经聚集了很多人，他们立即进行了分工，一部分下海进行救援，一部分在岸上指挥人群进行迎接工作。在他们的安排下，两名落水者被接上了岸。

（同期声）港栾派出所干事姜礼涛：回来以后，就接到游艇码头那边说又发现一个，当时旁边有群众反映说在旁边码头东北方向还有一个黑点，不知道是不是人，我们就跟游艇码头联系。

解说：在确定那个黑点是其中一个落水儿童后，另一名干事倪海鹏迅速跳进了海里，游向了游艇的方向。经过来回近500米的距离后，他们将这名孩子也推到了岸上。

（同期声）港栾派出所干事倪海鹏：感觉身体确实有点喘不过气来了，我坐在那个石头上大约能有半个多小时吧才开始缓过来，呼吸是有点困难，老咳嗽，觉得很累，确实很累。

解说：就在倪海鹏游向海里的时候，龙口市消防大队通海路中队的战士也赶到了现场，看到当时的情况，两名会水的战士王勇和迟洪刚直接跳进水中救人。

全程施救"潜水男"悄然离去

导语：经过几天采访，几乎所有的采访对象都提到了一个人，一个穿着深色潜水服的男子，他参与了从头到尾的整个救援过程。

（同期声）港栾派出所教导员邹玉光：他当时把一个落水的儿童从海里推上岸，然后他就到了这个位置，在那坐着。应该看得出来，这个人上来以后非常地疲惫，坐在那个位置抽了一支烟，和旁边的群众说了一会话，然后就离开了现场。这是他救的第几个孩子了？据我们到现场以后发现，这是他救的第二个。

解说：由于当时情况非常混乱，邹玉光也并没有仔细地观察这个人，只是依稀地记得他穿着一身深蓝色的潜水服,带着脚蹼和潜水镜,整个人又黑又瘦。邹玉光介绍,这种装束平常确实不经常见到,他对这个人印象也特别深,本来还想救援结束后跟他交流一下,可是最后却怎么也找不到这个人了。

(同期声)民警付绍刚:我当时一看,小伙子可能比我岁数要小,1.75米到1.78米左右,挺瘦的,脸上皮肤有点黑,稍微有点发红。

解说: 付绍刚也认为他的一身装备看着像是潜水爱好者的衣服,平常在本地并不是经常见到的。

记者:你们整个过程有没有交流?

(同期声)民警付绍刚:我说了几句话,他一直没回答,光跟着做。

记者:上岸之后把头罩拿下来也没说话?

(同期声)民警付绍刚:没说,拿下来之后人已经被接应的接走了,我俩再没交流。

编后: 这是一个悲壮的故事,这又是一个爱心涌动的故事。4个落水孩子,两个获救,两个离世,令人惋惜。同时,我们在这里向56岁的赵海生致敬,他带着满腔爱心,两次入水救人,再也没有醒来。赵海生,大海中永生!还有那无数下海施救的好心人,军人、警察、外地游客、本地市民、默默离开的"潜水男",在危机时刻,他们毫不犹豫扑向大海,用他们坚强的臂膀激起爱的巨浪。

(山东广播电视台《民生直通车》2013年8月9日)

示例分析: 这是一则弘扬人间大爱、社会正能量的民生新闻,主持人的播报基调对全篇的风格定位、价值导向及舆论影响有着重大的作用。播音时要求先把事件讲清楚,对人物、情节的描述感要强;不要夸张细节,这样容易华而不实;结尾处主持人对事件的点评要准确、要升华,因为这则新闻的社会意义是积极向善的,所以主持人的评论要代表全社会对不幸遇难的赵海生老人以及所有施救人员表示敬意与感谢。

第三节　训练稿件

稿件一

济南历城：不让一个困难学生掉队

导语：大学入学的学费是众多寒门学子的一道坎儿。济南市历城区专门启动"阳光助学工程"，让贫困生顺利入学，并跟踪反馈信息，就业时继续提供帮助，不让一个困难学生掉队。

（同期声）大学生文静：尊敬的领导老师，收到你们的来信，我很感动。四年前，在你们的帮助下，我顺利进入大学校门……如今即将毕业，学有所成的我早已暗下决心回报家乡……

解说：正在回信的姑娘名叫文静，不久前，一封来自家乡的电子邮件让徘徊在就业门外的她看到了希望。

（同期声）大学生文静：当时接到（信）以后特别惊讶，但是惊讶的同时又感觉特别温暖。因为四年了，咱们历城区政府还一直还关心着我们这些人，觉得特别感动。

解说：几年前，小文的父母双双下岗，只能靠打零工维持生活，就在她几乎与大学校园擦肩而过的时候，济南市历城区正在开展的"阳光助学工程"，让她顺利进入大学学习。如今即将毕业，现实与梦想的差距一度让她有些灰心，但这封回访信又让她重拾了信心。

（同期声）历城区教育局学生资助中心主任亓科水：目前我们收到了368名大学生的回信，我们对他们的信息进行了详细的登记，有他们的QQ号等联系方式，特别是对其中208名有就业需求的，对他们进行了详细的标注。

解说：与以往各部门单项救助不同，"阳光助学工程"整合了教育、民政、工会等多个职能部门的救助项目，对辖区内所有符合条件的困难大学生统一救助，并利用"阳光民生救助信息系统"对每一个困难学生的信息进行综合评估。

(同期声)历城区阳光民生救助服务中心主任李蓉芳：每年会自动搜索数据库中的困难学生，然后以闹铃的形式对工作人员进行提醒，一方面提醒及时更改、修改信息，另一方面提醒各级工作人员尽快实施主动性的救助。

解说：而对于像小文这样即将毕业，但家庭情况依旧困难又求职未果的学生，政府工作人员还会想办法牵线搭桥，引导爱心企业前来对接。截至目前，历城区已累计救助困难大学生1 498人，发放救助金400多万元。

(同期声)：这些学生的未来就是家乡的希望，不仅要让他们学有所成，更要让他们业有所立，不让一个困难学生掉队。

(山东广播电视台《山东新闻联播》2013年5月21日)

训练提示："交学费难""就业难"，一直是困扰贫困大学生的两大难题。这则新闻贴近贫困家庭的现实状况，内容层次清晰，即通过"阳光助学工程"，一是让贫困大学生顺利入学，二是毕业时提供就业帮助。因此，播报的总体口吻要带有关心和关注。播报的重点在于向受众介绍清楚"阳光助学工程"如何解决这些难题以及取得了哪些社会性成果。最后的点评以坚定的语气鼓励贫困家庭的学生要积极面对人生，将来造福家乡。

稿件二

住不上的新房

这些年房价涨得快，早买下房的人按理说都应该高兴，辽宁营口圣旭新苑小区从2007年起，100多位业主陆续买下了这里的商品房。可是早该成为有房一族的他们，如今不仅高兴不起来，连哭的心都有，这是为什么呢？

虽然对于业主们来说圣旭新苑小区是他们一天也没有住过的新家，可是由于常年闲置，一些阳台的栏杆旁已经长出了野草，小区紧锁的大门更是锈迹斑斑。

圣旭新苑小区是由营口圣旭房地产开发公司投资兴建的，小区共5栋楼，总建筑面积两万多平方米，从2007年到2010年间这里的156套房子已经卖出了127套。由于一直不能入住，这些年，业主们几乎家家都添了心病。

辛大姐家在河北街区的一间简陋的平房，30多平方米的小屋里住着3口人。5年前辛大姐勒紧裤腰带买房就是为了让儿子结婚用，可一晃几年过去了，房子没住上，儿子的婚事倒吹了。

类似的烦恼记者在采访中还听到了不少，有的是为了结婚买的房，结果孩子都4岁了，房子还没个着落；有的是想给父母养老，可是父母身体越来越差，却一天都没享上新房的福。

明明是自己花钱买的房子，为什么却成了看得见、摸不着的海市蜃楼呢？记者了解到，起初是因为开发商的水、电等配套建设没有完成，所以耽误了交房。而到了2010年，一个更大的意外出现了，那就是当地政府要收购这里并进行拆迁，这也就意味着业主们可能永远都没机会住进这个朝思暮想的新家了。

圣旭新苑小区的开发商向记者出示了2010年营口市西市区动迁办发给他们的动迁通知，表示要对圣旭新苑小区实施整体收购，要求开发商从接到通知之日起停止销售，据说是政府要对这块地进行总体规划。

这个总体规划针对的正是河北街区所属的这两平方公里土地，政府的解释是，这里的大部分居民都住在条件简陋的平房里，基础设施落后，整体规划的一个主要目的就是改善大家的生活条件。在新的规划中，这个区域的老百姓都要统一搬到靠近辽河大桥的一处安置区，而新建成的圣旭新苑小区业主也在搬迁之列。

不过关于拆房子，在营口市西市区主管拆迁工作的副区长袁本强那里，记者却听到了一个不同的说法。他说这个房子并不是要拆，而是留着综合利用。

除了否认曾经想对圣旭新苑小区进行拆除，袁区长还表示想去新建的安置楼还是留在圣旭新苑小区，业主们也一直都有自由选择权。那么事实是否如此呢？

业主商思和说，当时动迁办主任把圣旭小区的所有住户召集在一起开会，宣布了西市区政府的一个方案，就是决定必须得动迁。

老商拿来了一份西市区动迁办针对圣旭新苑小区下发的补偿安置方案，方案中明确写着：根据河北区域开发建设的总体规划要求，经西市区有关部门批准，对河北圣旭新苑小区房屋及地面附属物实施拆迁。拆迁时限为2010年11

月20日开始,2011年年底结束。看到记者拿着的这份文件,袁区长却解释说这个拆迁不是要把房子扒了,变成平地。

有人说拆,有人说不拆,甚至连拆迁这个词都有了不同的定义和解释。业主们听得是云里雾里,越来越糊涂了。政府最后的解释是拆不拆的事先不说,搬到新的安置区是为了业主们的居住条件更好,而且已经有很多业主签了协议,同意搬迁或进行货币补偿。那么事实到底怎样?

开车上辽河大桥不远,就能看到一片正在建设的楼房,离大桥最近的房子也就相隔约100米。在政府的新规划中,河北街区的所有人将来都要搬到这里居住,原定分配给圣旭新苑小区业主的3栋回迁楼也在其中。当初业主张明明就签了协议,同意搬迁到这里。她说自己当时并不同意,但是被逼无奈,不签不行,要是不签,那边房也没有了。

张明明告诉记者,当初选择圣旭新苑小区是喜欢那里环境好,又幽静,而这里却是她打心眼里不想选择的。像张明明一样,表示自己不想签,却迫于无奈签了协议的还有不少业主。

此外,在补偿安置方案中也没有安置房如何分配的细则,比如说会分到哪栋楼、几层、朝向等,这让业主们心里很不踏实。

无论是焦急等待,还是被迫搬迁,导致业主们困境的根源就是区里建设规划的突然改变。

如果说拆了旧房,改善棚户区居民的居住条件,这确实是件好事。可为什么刚刚建好的新房也要拆呢?这有点说不过去。这里面是不是有什么玄机呢?

营口市西市区人民政府常务副区长李秀斌说,2010年辽河大桥开通以后,沿海经济带开发如火如荼,这种情况下地块价值也在上升,这块地的功能定位也在改变,所以在定位上,2010年和2005年变化很大。

圣旭新苑小区的开发商是2006年取得建设用地规划许可证和国有土地使用证的,小区商业和住宅的国有土地使用权终止日期分别到2046年和2076年。当初开发商拍下这块土地花了200多万元。

再来梳理一下这件事:开发商2006年合法取得了土地,2007年小区开工建设并销售,2008年主体工程结束。业主们从2007年到2010年间陆续买房,很多人都是借钱付全款买的房,有的连契税和维修基金都已经交了。就在大家等待收房的时候,2010年政府改变规划,收购了这块地,大家还未入住的新房面临拆迁。为什么要修改规划?政府有关部门的解释始终闪烁其词,而有目共睹的事实是由于这块地大大升值了,重新规划、收购之后,再次出售,会为区里带来更大的利润。

由于业主们不断交涉,去年10月30日事情发生了转机。西市区政府有关部门表示,在充分听取业主诉求后作出决定,不再要求大家统一搬迁到安置区,圣旭新苑小区也不拆了,会尽快启动收尾工程的建设,争取早日让业主们搬进新家。今年3月西市区动迁办还专门发文,明确答复在清明节过后,4月5日至10日开始动工,完善配套设施,在6月底前入住。只是到目前为止,收尾工程还没有动工,业主们心里仍然很担心。

据区政府介绍,目前业主们不能入住的主要原因是供水、供暖等配套工程没有完成。营口市西市区人民政府常务副区长李秀斌说将会加大协调力度,尽快把圣旭小区的配套设施建好。

当地政府已经表示,将早日保证居民们入住,要达到这个目的,具体的困难肯定不少。但这个问题的妥善解决,一方面能圆100多户业主的安居梦,另一方面也有助于维护政府的公信力和形象。

(中央电视台《焦点访谈》2013年5月29日)

训练提示:"新房"变"心病",这则新闻说的是民生问题中关注度较高且较严肃的买房问题。播报时,首先态度要客观、理性,说清楚民众的"心病",理清楚当地政府和开发商不能让民众按时入住新房的原因,并将事件的解决结果交代清楚,使整个事件脉络清晰呈现;其次在播报因住不上新房给民众造成的生活困扰时,要体民情、恤民意,既不能过分夸张,也要有"人情味";最后表达时语气要坚定,要让民众对区政府有信心,相信政府会让他们的安居梦早日实现。

稿件三

济南:捐献造血干细胞 传递爱心正能量

解说: 最近,滕州市市民秦静为上海一名白血病患者成功捐献造血干细胞。6月13日上午,记者在济南千佛山医院血液科病房见到了秦静。早在5天前,她就来到医院注射细胞动员剂,把自己的造血干细胞调动起来。

(同期声)捐献者秦静:因为我平时一年献1到2次血,我觉得献血本身对身体也没有害,然后我就去捐献。过了一段时间,枣庄红十字会就给我打电话,说和一位患者配型(成功)了。当时接了电话也很激动,没想到能配型(成功)。

解说: 当得知自己与一位白血病患者配型成功后,秦静欣然决定捐献,同时也得到了家人的支持,秦静的爱人和她年仅3岁的儿子全程陪同她完成整个捐献过程。

(同期声)秦静的丈夫周忠庭:她既然已经配型成功了,这是救人一命的事儿,让谁遇到这事儿都得积极地去做。

(同期声)捐献者秦静:我听红十字会那边说,是个小女孩,本身我自己也有孩子,帮助别人,献出一点儿爱心,拯救一个生命,也挽救一个家庭。

解说: 上午10点,采集开始了。血液从秦静的体内被输送到血细胞分离机,分离出干细胞后再回输到她的体内。整个捐献过程大概要持续5个小时。

(同期声)千佛山医院血液科护士长张怀凤:供者身体状况及各方面都很好,采集也非常地顺利。今天采集的大约是150—200毫升。

解说: 为了鼓励秦静的爱心之举,当天,省红十字会、枣庄市红十字会、滕州市红十字会的领导专程来看望秦静,并为她颁发荣誉证书和奖杯。据了解,这是我省第261例造血干细胞捐献者。

编后: 有人以为骨髓捐献是要用一根长长的针管扎到脊椎里抽取脊髓,听起来就很恐怖。其实,是从外周血中获取,就像献血一样,对身体并无伤害。

(山东广播电视台《民生直通车》2013年6月14日)

训练提示：这则新闻非常简短，注意把握好同期声和解说之间的语气衔接。由于新闻内容是赞扬主人公捐献骨髓的爱心之举，因此开头部分比较正统，开门见山地介绍了事件的来龙去脉。播报的重点在于点评部分，要用赞扬的语气大力弘扬正能量，并用轻松的口吻为受众普及骨髓捐献的方法，帮助大家克服捐献恐惧。

稿件四

5月房价整体上涨 济南同比上涨5.5%

国家统计局昨天公布的数据显示，5月份，国内主要城市房价保持了整体上涨的趋势。

与去年5月相比，70个大中城市中，新建商品住宅（不含保障性住房）价格下降的城市只有温州1个，下降了3.8%，上涨的城市有69个。其中，涨幅最高的城市为广州，上涨了15.5%。在山东，济南同比上涨5.5%，青岛同比上涨4.9%，济宁同比上涨4.7%，烟台同比上涨3.7%。

与今年4月相比，70个大中城市中，新建商品住宅（不含保障性住房）价格下降的城市有3个，持平的城市有2个。环比涨幅最高的城市为桂林，上涨了2.9%。在上涨的65个城市中，青岛环比上涨1%，济南环比上涨0.6%，济宁、烟台分别为0.4%、0.3%。二手房方面，济南、青岛、济宁同比上涨，烟台同比略有下降，不过与4月相比，4个城市二手房价格都在上涨。

国家统计局有关人士表示，目前，房价上涨的城市数量还比较多，房价上涨预期尚未根本解除，房地产市场调控仍然处在狠抓落实的关键时期。

（山东广播电视台《早安山东》2013年6月19日）

训练提示："房价整体上涨"是民众普遍关注的问题，在这则新闻的播报过程中，要注意对城市名称、各个数据的重音处理，避免单一的表达方式。

稿件五

济南:轨道交通环评二次公示 三条路线总长 95.6 公里

导语:济南轨道交通项目的环评目前正在进行第二次公示。很多人想知道,这三条线路会不会从自己家门口路过,以后出门是不是更方便了呢,我们来了解一下。

(同期声)记者静静:大家看一下,这就是济南市轨道交通的示意图,其中贯穿济南东西的 R2 是比较关键的一条线路,它东起郭店,西到小高庄,中间经过了工业北路、历山路、济南站、济南西等大小 14 个站点。与第一次公布的结果不同的是,增加了生产路站,也就是我现在所在位置,这个站点位于 R2 线的正中间,距离大明湖比较近,这个线路开通以后,大家去大明湖游玩就方便多了。

解说:济南轨道交通公示的"一横两纵"三条路线,总长度为 95.6 公里。R2 线全长 35.2 公里,是三条线路中最长的一条;R1 线位于济南西部,全长 26.4 公里;R3 线位于济南东部,全长 34 公里,其中地下线长 21.8 公里,将从地下穿越小清河。三条线路中有两个换乘站点。根据预期,三条线路将从明年开始建设,2018 年建成通车,工程总投资 489.4 亿元。

真心感谢他们,因为他们,我们的社会才更和谐;因为他们,我们期待更加绚丽的中国梦!

(山东广播电视台《早安山东》2013 年 6 月 30 日)

训练提示:此则新闻要向受众传递比较重要的交通信息,因此播报时一定要"说清楚"。首先,开头部分抛出问题"这三条线路会不会从自己家门口路过,以后出行是不是更方便了呢?"激发观众的兴趣,使之带着问题去探寻答案;其次,新闻中多次出现数字、地名,例如:东起郭店,西到小高庄,全长 35.2 公里等,这些都是受众希望知道的内容,因此播报时要放缓语速并做重音处理;最后,结尾是对建设者的感谢,是充满正能量的内容,播报时要注意语气的转换。

稿件六

济南：交钱办卡 游泳馆突然关门了

解说：游泳，老少皆宜的运动，婴儿经常游泳可以增强宝宝的免疫力，可以提高呼吸系统的功能。近几年婴儿游泳馆备受市民热捧，济南市民吕某某也给自家宝宝办了游泳卡，这两天暖和了准备带着宝宝去游泳，但是去了之后傻眼了。

济南市民吕川香：我办了3 000块钱的卡，游了2次泳，洗了4次了。

解说：吕女士告诉我们，去年家人在济南华信路上的这家爱贝思婴幼儿SPA健康中心给孩子办了张游泳卡，来了几次之后感觉环境、设备、服务都不错，但是前段时间准备带着孩子再来的时候，爱贝思婴幼儿SPA健康中心的工作人员告诉她，游泳设备出问题了。

济南市民吕川香：我们那天来，说澡堂坏了，要修。

解说：在这里办卡的不少顾客也陆陆续续得知，这家游泳馆暂时没法营业了，大家也都没多想，就一直等待着游泳馆恢复营业的消息。

济南市民莫先生：原来说设备维修，我们还在等设备好了再用。

解说：不过，就在这两天，很多带着宝宝来游泳的顾客发现，这家店不知道从什么时候开始关门了。

济南市民辛成增：昨天一来看，东西也没有了，总经理也找不着。

济南市民葛秀娟：我过来一看，已经关门了，不能退卡了，他们说老板跑了。

解说：上午10点，我们来到了爱贝思婴幼儿SPA健康中心，大门已经被上了锁，屋内混乱不堪。门前已经聚集了十几位来这里准备讨要说法的顾客。据其中一位在这里办卡的莫先生说，目前知道的就有70多人在这里交钱办了卡，平均下来每人交了3 000多块钱。

济南市民莫先生：现在光维权就70来户，还有些人不知道，百户以上是肯定有的，几百的当时退了，光去年年底就30多万。

解说：这么大的游泳馆怎么就突然关门了呢？是设备一直在维修，还是出现了什么问题呢?带着这样的疑问,我们根据门口通知上留下的一个电话,联系到了爱贝思婴幼儿SPA健康中心总经理武总。

武总:退卡的是吧,留个人在那边登记,上边有个电话,章都在那里,登记卡号,留下姓名电话。

这位负责人在电话中称,办卡的顾客可以根据门口留下的退卡登记人的电话先行登记,核实后会给大家退钱,那么游泳馆到底出了什么问题呢?

武总:因为之前我们店被淹了,地下管道爆了,没法修了。厂家一看修需要花很多钱,这是厂家的责任,没有安装好,这不,设备东西都烧了,什么不管了,也不来修了,(我们)没办法只能停业了。

解说:负责人武总也承诺会尽快给大家退钱,但是对于顾客让他出面协商的要求,这位武总给出了这样的说法。

武总:我们也没走,安排人给留个电话,这个放心行了,肯定给你们处理好这些事情,行吧。

解说:希望这位负责人武总说话算话,尽快给大家退钱,这么大的店,咱不能不讲信用,对吧?

(山东广播电视台《生活帮》2015年3月20日)

训练提示:此则新闻从内容上来看,可以分为三个层次:开头引出问题"带宝宝去游泳却傻眼了";中间部分采访该店消费者,了解事情原委;结尾部分呼吁该店负责人能够尽快解决问题。在播报时应语气坚定、逻辑清晰,将事件完整地讲述给受众。

稿件七

轻信"部队采购" 一广告公司遭遇骗局

南京市民谭先生在江宁区经营一家广告公司,3月10日他接到一个电话,对方自称是某部队采购员,要定做16组广告栏。谭先生本以为遇到了一笔大生意,没想到却掉进了骗子的陷阱。

谭先生开了一家广告公司,为方便客户联络,他将自己的联系方式公布在了网上。3月10日突然接到一个电话，对方自称是某部队的采购部主任陈某，想订做广告栏。随即发来了合同样本并与谭先生签订了合同。最后，这位陈主任还特地给谭先生带来了一笔额外的业务。

连家门也不用出，进货和供货渠道就都解决了，谭先生很是高兴。根据对方提供的号码，谭先生联系上了这个生产牛肉饭的厂家。对方表示可以供货，但要先缴纳货款。谭先生向对方提供的账号汇款4万多元后，却发现电话再也拨不通了。

而此时，那位所谓的部队采购员也无法联系上，谭先生赶紧报了警。

原来，骗子假冒军人谎称订货，并指定要某厂家生产的商品，然后其同伙冒充厂家工作人员继续忽悠，一旦市民信以为真汇款，对方拿到钱后就会消失。民警提醒经营户：遇到大额订单，一定要仔细核实对方情况，避免上当受骗。目前警方已经介入调查。

(江苏城市频道《南京零距离》2016年3月14日)

训练提示：此则新闻主要内容是南京市民谭先生轻信"部队采购"而遭遇骗局，最后点评时要提醒受众谨防受骗，将此类新闻的提示性作用发挥出来。

思考与练习：

1. 什么是民生新闻？它的播报特征是什么？
2. 民生新闻播音时有什么基本要求？
3. 民生新闻播音如何处理好规范与口语化的关系？
4. 如何做一名优秀的民生新闻主播？

第三章　财经新闻播音

教学目标：了解财经新闻的概念和特点，掌握各类财经新闻的播音技巧。
教学重点：财经新闻的概念和播音要求。
教学难点：财经新闻的播音要领。
课时分配：8课时。

第一节　理论概述

一、什么是财经新闻

《中国新闻实用大辞典》中对"经济新闻"的定义："经济新闻是有关生产、流通、分配、消费等一切经济领域新闻的总称。"[1]"财经新闻"是近些年才被人们所熟悉和普遍使用的。相对于传统的经济新闻，财经新闻带着些许时尚感、新锐感登上了新闻报道的历史舞台。

在《财经新闻采访与写作》中，作者从广义和狭义两个方面对财经新闻的概念做了阐述："广义的财经新闻或称泛经济新闻，覆盖全部社会经济与经济有关的领域，包括从生产到消费，从城市到农村，从宏观到微观，从安全生产到服务

---

[1] 冯健.中国新闻实用大辞典[M].北京:新华出版社,1996:78.

质量,从经济工作到政治、社会生活的相关领域。狭义的财经新闻,则重点关注资本市场、金融市场以及投资相关的要素市场,并用金融资本市场的视角来看中国经济生活。"①

《财经新闻》一书的作者将财经新闻定义为:"财经新闻就是有关经济活动、经济现象、经济决策最新事实和情况的报道。"②

基于以上观点,我们可以将财经新闻理解为"受政治、经济、社会、技术等多方面影响,经济新闻发展到一定时期的分化,它是一种侧重于报道财政和金融的经济新闻"③。

随着社会经济的高速发展,人们对财经类信息的关注和需求逐年提升。与此同时,财经新闻在各类新闻中所占比重也在增加,逐渐发展成为一种重要的新闻类型。财经新闻报道具有很强的专业性,它从经济学的专业视角报道财经要闻,介绍经济环境,透析经济现象,解释经济事件,内容关乎国家经济、百姓民生,以此来满足受众学习经济知识、了解经济发展动态的需要。

财经新闻播音,即新闻播音员、主持人对经济类新闻进行播音的创作活动,内容涉及经济知识、金融证券、经济人物、经济事件、社会经济分析等。它与一般新闻播音的主要区别在于其播报对象和受众的不同。因此,在一般新闻播音要求的基础上,财经新闻还有其相对独特的播报要求。

二、财经新闻播音的基本要求

财经新闻播音不但要符合新闻播音的一般要求,更要在播音创作的准确性、客观性、专业性上下功夫,以便更好地向受众传播财经领域的知识和信息。

1.财经新闻播音的准确性

除了达到一般新闻播音的准确性要求外,财经新闻播音的准确性要求更为具体。由于财经新闻受众往往是相对专业的群体,他们对财经新闻的关注不仅仅是出于兴趣爱好,而是将财经新闻播报的信息作为自己经济决策的参考依

---

① 胡润峰,等.财经新闻采访与写作[M].上海:复旦大学出版社,2006:1-4.
② 李本乾,李彩英.财经新闻[M].大连:东北财经大学出版社,2006:1-3.
③ 谭云明,祝兴平.财经新闻导论[M].北京:清华大学出版社,2011:2.

据。因此,精确的播音创作能力成为对财经新闻播音员要求的重中之重。

(1)准确的数据。财经新闻中出现的数字、数据一定要播读准确、清晰。没有清楚数据支撑的财经新闻往往无法令人信服,数据播音含混不清就无法最大程度上保证财经新闻播报的权威性和准确性。

播音时需要注意的常用财经数据有:通用数据(实数、分数、百分比、指数、平均数、比例、同比、环比、增长率、增幅等)、专业数据(国民生产总值、国民收入、通货膨胀率、就业率、失业率、进出口总额等)。

(2)准确的专业用语、概念和基本常识。财经新闻中经常涉及一些比较专业的术语,这些术语的使用必须非常准确。播音员、主持人在播读财经新闻稿件时必须清楚每一个专业术语的含义,否则很可能在播音时差之毫厘,谬以千里。比如,播音员要能够正确理解稿件中的货币政策、通货膨胀、存款准备金、期货、汇率、GDP(国内生产总值)、CPI(消费者物价指数)等经济学概念,在谈到经济增长时要表达清楚是总值的增长还是增速的加快,增长比例是"同比"还是"环比"等。

2.财经新闻播音的客观性

新闻报道是对新近发生的客观事实的报道。因此,客观性是对所有新闻播音创作活动的普遍要求,财经新闻播音的客观性还具有更深层次的含义:一是财经新闻相对于一般社会新闻是更加专业的领域,有其自身的客观规律;二是财经新闻所播报的新闻事实本身具有很强的客观性,是不以人的意志为转移的。如果财经新闻播音不够客观,就违背了财经新闻的本质特征。

如股市、商品市场的涨涨跌跌,尽管显得变幻莫测,但这种变化却有着其客观规律性。作为播音员、主持人只能从客观的角度去播读它、评论它,但永远不能够改变它。我们对这种变化规律的认识,只能是一个从相对真理向绝对真理探索的过程,保持这种认识上的客观性也正是财经新闻播音的魅力所在。

3.财经新闻播音的专业性

财经新闻属于一种专业性较强的新闻类型,在对财经领域发生的事实进行报道时,往往需要掌握一些专业性的财经知识,这些知识是人们在长期的经济活动中总结出来的认识和经验。作为一名播音员、主持人,掌握财经领域专业知识的程度直接影响到财经新闻播音的真实性、准确性和科学性。

财经新闻播音的语言不同于普通的民生新闻或时政要闻的播音语言。财经新闻所使用的语言最大的特征就是专业名词和行业术语多,而且许多常用词被赋予特殊的含义,例如:多头、做空、涨停、套牢等。如果不了解这些词的专业含义,只是机械地播读财经概念和术语,就不能对行业术语进行准确解读,势必给受众留下空洞抽象、枯燥肤浅的印象。因此,财经新闻播音员、主持人应深刻了解新闻内容,注重以通俗化的语言将复杂的经济现象和晦涩的经济学专业术语转化成普通受众也能听懂并乐于接受的新闻播报。

三、财经新闻播音的具体要领

1. 找准数字重音,播音清晰、准确

财经新闻稿件普遍具有数字多、数据多的特点,许多数字单位大、位数多,还有很多对比的数据。播音员、主持人在播读财经新闻稿件时要注意找准数字重音,增强咬字力度,做到吐字准确无误、清晰明确,以便有效地传递财经新闻稿件所要表达的内容。

2. 着重把握专业术语,播音通俗化、口语化

财经新闻报道属于专业性较强的新闻报道,其语言运用的特征之一就是专业术语颇多。为了方便受众理解,财经新闻稿件通常对抽象的专业术语进行生动的通俗化处理。比如:"资金回笼""空头陷阱""股票基金业绩遭遇'滑铁卢'""英国公投脱欧已经成为影响上半年世界经济的最大'黑天鹅'事件"等。播音员、主持人应以口语化、通俗化的表达方式解释专业术语的内在含义。

3. 淡化感情色彩,播音客观、真实

财经新闻一般都是关乎国计民生和受众利益的客观事实,是经济客观规律的展现,无法人为判断是与非。所以,在进行财经新闻播音时,应做到气息稳健、语气平和,不应该掺杂过多抑扬起伏的感情色彩。如股市涨则喜、跌则忧,经济增长快则喜、慢则忧等,都是不对的。

4.迅速传达语义,播音连贯、顺畅

财经新闻多为叙述性语言,而且语句较长,播读时应多连少停,前后衔接紧密,保证信息传递迅速,在单位时间内给受众传达更多信息。播读时,还应注意停连和呼吸的配合,切不可上气不接下气,要保证语流连贯、顺畅。

第二节 示例分析

示例一

资源税改革7月1日起全面推开

记者近日从国家税务总局了解到,7月1日起我国将全面推进资源税改革。这是继5月1日营改增试点全面推开以后我国推出的又一项重大税制改革。

本次改革是在对已经在原油、天然气、煤炭、稀土、钨、钼6个品目资源税实施从价计征改革基础上,开始对绝大部分矿产品实行从价计征。但对经营分散、多为现金交易且难以控管的黏土、砂石等少数矿产品,仍实行从量定额计征。

此次改革将全部资源品目矿产资源补偿费费率降为零,取缔地方针对矿产资源违规设立的收费基金项目,有效减轻企业负担。为避免统一税率造成企业结构性负担增加,此次改革由中央统一规定矿产品的税率幅度。在规定的税率幅度内,省级人民政府可以对应税产品拟定或确定具体适用税率。

此次改革还对开采难度大、成本高以及综合利用的资源给予税收优惠。包括对符合条件的衰竭期矿山和采用充填开采方式采出的矿产资源,资源税分别减征50%和30%。

(中央电视台财经频道《整点财经》2016年6月30日)

示例分析:(1)划分层次:本则新闻共4个自然段,可分为两个层次。第一层为第1自然段,第二层为第2、3、4自然段。

(2)概括主题:我国将全面推进资源税改革。

(3)联系背景:近十年来,我国国有企业、财税金融、价格体制、农业农村等领域基础性改革取得重大进展。这些改革进一步完善了我国基本经济制度,增强了经济社会发展的动力和活力,促进了全体人民共享发展成果。

我国经济体制改革仍处于攻坚克难的关键阶段,要按照科学发展观要求和社会主义市场经济规律,通过改革解决制约科学发展的深层次矛盾和体制性问题。当前和今后一段时期改革的重点领域和关键环节是推进财税体制改革,理顺中央与地方及地方各级政府间财政分配关系,更好地调动中央和地方的积极性。

(4)明确目的:使受众了解国家全面推进资源税体制改革的具体措施和目的。

(5)找出重点:本则新闻的重点部分是第1自然段,概括了国家全面推进资源税体制改革的政策主题,其余3段是对政策的具体说明。

(6)确定基调:沉稳、庄重、明快。

示例二

全球股市上半年震荡走低 大宗商品表现抢眼

再来关注全球股市,由于受到多重风险事件频袭的影响,今年上半年全球股市局势整体震荡走低,但是大宗商品上半年的表现却是极为抢眼。

市场数据显示,截至6月30日,日本股市日经225指数累计下跌18.75%,跌幅超过了上证综指17.2%和深证成指17.1%。此外,中国香港恒生指数累计下跌5.1%,韩国综合指数累计上涨0.46%。

截至6月29日,美国股市道琼斯指数、标普500指数和纳斯达克指数分别累计上涨1.5%、1.3%和下跌4.5%。法国和德国股市累计跌幅接近9%,原本以为会受重伤的英国股市反而累计上涨超过2%。

外汇市场方面,英镑和日元成为最受市场关注的货币。英镑兑美元汇率今年上半年累计下跌超过8%,日元兑美元汇率则上涨超过14%。

与股市相比,大宗商品市场上半年的表现更为抢眼:国际金价累计上涨超过24%,国际油价的涨幅更超过30%,从2月初的26美元开始绝地反击,单边上行至50美元,白银价格的涨幅更超过33%。

(中央电视台财经频道《整点财经》2016年6月30日)

示例分析:(1)划分层次:本则新闻共5个自然段,可分为三个层次。第一层为第1自然段,第二层为第2、3、4自然段,第三层为第5自然段。

(2)概括主题:2016年上半年全球股市局势整体震荡走低,但是大宗商品上半年的表现抢眼。

(3)联系背景:2016年,受全球经济增长放缓、国际油价持续大幅走低等因素影响,上半年全球股市整体震荡走低,投资者风险偏好持续波动,市场缺乏明确的投资主线,结构性机会成为主导,地区和板块表现明显分化。地区方面,新兴市场跑赢发达市场;板块方面,防御性板块受追捧,能源和原材料板块也伴随着大宗商品价格回升而走强。

(4)明确目的:使受众了解2016年上半年全球股市整体行情及大宗商品市场表现。

(5)找出重点:本则新闻的重点部分是第1自然段,概括了新闻主体内容,其余4段是对第1自然段的具体阐述。

(6)确定基调:客观、准确。

示例三

医疗服务价格改革要强化"总量控制"

国家发改委新闻发言人、价格司司长施子海昨日在新闻发布会上透露,国家层面新一轮医疗服务价格改革将启动,各地或开始逐步调整医疗服务价格。不过,医疗服务价格改革并不简单等同于医疗服务价格涨价。记者了解到,医疗服务价格改革遵循三个原则:一是保证改革后医院总收入不降低;二是保证公众总体就医负担不增加;三是确保医保基金可承受。

之所以称之为"新一轮医疗服务价格改革",是源于在之前,已然启动并实施了一轮服务价格改革。总的来说,就是"降低药品价格,提高医事服务费价格"。药品零差价和基本药物的新政实施之后，医疗机构终端的药品价格得到了总量上的控制，"以药养医"的现象有所好转。同时，在对医疗服务价格进行调整之后，逐步过渡到"以医养医"的层次，高水平、能力强的医生收入得到了保障，其价值也得到了充分的体现。

不过，从众多地方的改革尝试来看，医疗服务价格改革之后，却没有达到预期的效果。一方面，药品成本没有得到根本性控制，在"药品降价死"之下，新特药有了更广泛的市场，也蚕食了零差价和基本药物的改革成果。另一方面，医事服务价格的大幅上涨，包括挂号费、门诊费、服务费等普遍性提高，使得医疗的总成本出现了大幅度增长。再加上"过度检查"带来的大处方，不但患者的就医负担没有下降，而且国家医保的支出也没有得到控制。

在"前门"没有关严的情况下，又启动了成本增加的"后门"，就必然会导致结构性失衡和总量性失序。统计公报显示，2014年，医院次均门诊费用220元、人均卫生总费用2 586.5元，实现连续多年上涨，并跑赢GDP。值得注意的是，并不是所有医疗费用都在上涨，检查费、药费节节攀升，而挂号、手术、护理等费用多年未变，价格都在几元、几十元。从国际经验来看，一所医院的收入应该70%来自于医疗服务收费，30%来自于检查、药品等收费项目。

很显然，在药品成本没有得到实质性的控制之下，如果再提高医事服务价格，会带来就医负担的整体上涨，患者就会为改革负担更大的成本投入。2015年3月25日，重庆市各级公立医疗机构正式实施医改新政，不过由于改革造成了患者负担的加重，新政也被叫停而半途而废。如此看来，作为一项系统性的改革，医疗服务价格改革若不能坚持"总量控制"的原则，在不增加成本的基础上，做好内部的结构优化和重组，那么改革就可能背离其预期，也无法获得各个利益相关方的支持。

医疗价格改革涉及医疗机构、国家投入和所有患者，还要兼顾市场的实际情况，可谓牵一发而动全身。若不实行总量控制，那么井喷式增长的成本，将会成为国家公共财政和患者的难承之重，也无法实现有序的发展。而要实现在既有的总量成本的基础上进行改革，那么实行内部结构的优化就是唯一的路径。

在总量控制下做加减法，不是简单的数字游戏，而需要通过反复的论证和评估,并与现有的政策及其可持续性充分结合起来。若不能虑及利益诉求、现实情况和长远需要等综合因素,单兵突进的改革都会进入死胡同,这也是一些地方改革失败的原因。因而,唯有综合各种因素并采取系统性改革,且固守"总量控制"这一底线原则,那么改革才有可期的未来。

(《北京青年报》2016年6月30日)

示例分析:(1)划分层次:本则新闻共7个自然段,可分为四个层次。第一层为第1自然段,第二层为第2自然段,第三层为第3、4、5自然段,第四层为第6、7自然段。

(2)概括主题:国家层面新一轮医疗服务价格改革将启动,各地或开始逐步调整医疗服务价格。

(3)联系背景:新一轮医疗服务价格改革将坚持"总量控制"的原则强化政策联动,积极稳妥推进,逐步建立起分类管理、动态调整、多方参与的医疗服务价格形成机制,基本理顺医疗服务比价关系。这意味着新一轮医疗服务价格改革在全国推开的同时,医疗服务价格形成机制将得到进一步完善,让医生和患者都能从医疗服务价格的调整中获益,以此来保证改革的顺利推进。

(4)明确目的:向受众说明国家新一轮医疗服务价格改革的背景、原则和目标,以及目前改革遇到的困难和解决方案。

(5)找出重点:本则新闻的重点部分是第1自然段和第6、7自然段。第1自然段点明了新一轮医疗服务价格改革的原则,第6、7自然段给出了新一轮医疗服务价格改革的解决方案,中间4个自然段是对改革背景和问题的阐述。

(6)确定基调:庄重、沉稳。

示例四

默克尔首谈刺激政策 德国经济政策或"转向"

据法新社6月25日报道,再过3个月,德国将举行议会选举。在此关键时刻,德国总理默克尔居然破天荒地谈起了"刺激",称德国方面已经认识到了刺激内需的重要性,并将采取一切必要措施,帮助欧元区其他国家实现并维持经济增长。

默克尔表示:"从当前的局势来看,德国在欧盟经济事务中光发挥稳定锚的作用已经远远不够,现在更需要的是发挥经济增长发动机的作用。"从"稳定锚"转向"发动机",默克尔这一表态被外界分析为放弃财政紧缩,转向财政刺激政策的暗示。

6月23日,默克尔所在的执政党基民盟和基社盟在德国柏林公布了今年9月德国大选的竞选方案,其中包括250亿欧元的减税计划,还谈及了巩固财政、家庭、教育以及道路交通建设等议题。在这一基础上,家庭及教育问题将得到积极的重视,如提高已生育妇女的养老金、提高生育奖励等。

默克尔称,在欧盟大部分国家仍处在经济危机中的背景下,她的党派将继续把巩固财政预算作为未来工作重点。默克尔的盟友、基社盟秘书长多博林特也表示:"德国应该保持在现有的轨道上发展,这对德国人民有好处。因此,我们在竞选方案中很明确地承诺了'稳定、巩固和安全'。"

一直坚持"财政紧缩"的默克尔为何转向"经济刺激"?分析人士认为,一方面,她在为9月大选造势;另一方面,欧债危机已经发展到从"紧缩"转向"刺激"的节点。中国人民大学重阳研究院高级研究员约翰·罗斯义在接受《国际金融报》记者采访时表示:"默克尔的紧缩政策在整个欧洲都已经被证明是失败的,现在欧盟的GDP增长率只有3%,比危机前还要低,如果还要继续实行财政紧缩政策将非常不得人心。"

(《国际金融报》2013年6月27日)

示例分析:(1)划分层次:本则新闻共5个自然段,可分为三个层次。第一层为第1自然段,第二层为第2、3、4自然段,第三层为第5自然段。

(2)概括主题:一直坚持"财政紧缩"的德国总理默克尔转向"经济刺激",引发外界评论。

(3)联系背景:在欧盟大部分国家仍处在经济危机中的背景下,德国总理默克尔和她的党派将继续把巩固财政预算作为未来工作重点,并将采取一切必要措施刺激内需,帮助欧元区其他国家实现并维持经济增长。

(4)明确目的:帮助受众全面分析德国总理默克尔提出经济刺激政策信号

的原因和可能造成的影响。

（5）找出重点：本则新闻的重点部分是第 1 自然段和第 5 自然段。第 1 自然段说明了德国总理默克尔提出经济刺激措施的目的，第 5 自然段给出分析人士全面深入的政策解读，第 2 至 4 自然段是对新闻背景的补充说明。

（6）确定基调：严谨、庄重。

第三节　训练稿件

一、财经消息

稿件一

Gung-Ho 一年暴涨 60 倍　中青宝股价大涨 36%

今年以来，以移动互联网、手机游戏等代表未来新经济方向的个股获得市场资金热捧，如掌趣科技、三五互联等。而在日本，从事社交游戏的 Gung-Ho 公司股价更是在一年内暴涨 60 倍！而在国内，中青宝亦是连续大涨，4 个交易日大涨 36%。

（《每日经济新闻》2013 年 6 月 28 日）

训练提示：Gung-Ho 公司的读音可音译为"刚-厚"，在播音中需要提前做好功课，否则出现错读或误读，都会使信息传达不准确。数字"60 倍"重音在"6"上，而"36%"的重音也是"6"。数字一般采取末尾数字重读的方式，但是如果数字间有比较，如"由 56% 上涨到 76%"，重音就在"5"和"7"上，更能突出其变化。

稿件二

1—3 月美国 GDP 增速下调至 1.8%

6 月 26 日，美国商务部公布一季度 GDP 环比增速的终值，将此前估算的

2.4%下调至1.8%,增速比去年四季度高出1.4个百分点。此次GDP增速下调的主要原因是个人消费开支和进出口数据不及此前预测值。从GDP的主要组成部分来看,三季度个人消费支出实际增长2.6%;居民住房固定投资增长14%,非住宅固定资产投资增长0.4%;商品和服务出口下降1.1%,进口下降0.4%;联邦政府开支下降8.7%。分析认为,经济增速的下调,意味着美国经济的复苏进程不如此前预测的乐观。

(国研网2013年6月26日)

训练提示:该稿件虽然短小,但是出现了多处数字信息。在播读数字时,一定要突出到位、准确清晰、快慢有序、错落有致。

稿件三

巴西成为2012年第四大吸引外资国

《圣保罗页报》消息,联合国贸易与发展会议最新数据显示,2012年巴西成为第四大吸引外资国,较2011年上升1位。2012年,巴西共吸引外资650亿美元,在所有国家和地区中仅次于美国、中国和中国香港。

贸发会议的报告中称,2012年全球外商直接投资(FDI)为13 000亿美元,同比下降18%。新兴经济体吸引了超过半数的投资,占52%,同比增长7.5个百分点。

(中国经济网2013年6月28日)

训练提示:财经消息需要在最短的时间内让受众了解主要信息,因此在保证句子之间衔接顺畅的基础上,加强对术语、数字等关键信息的把握,做到重点突出、逻辑严密、语势平稳。

稿件四

下月起 企业职工基本养老保险单位缴费比例调降至20%

近日,人社部、财政部联合下发通知,要求阶段性降低社会保险费率。通知要求,从2016年5月1日起,企业职工基本养老保险单位缴费比例超过20%的省(区、市),将单位缴费比例降至20%。

通知要求,从2016年5月1日起,失业保险总费率在2015年已降低1个百分点的基础上可以阶段性降至1%—1.5%,其中个人费率不超过0.5%,降低费率的期限暂按两年执行,具体方案由各省(区、市)确定。

通知还要求,各地要继续贯彻落实国务院2015年关于降低工伤保险平均费率0.25个百分点和生育保险费率0.5个百分点的决定和有关政策规定,确保政策实施到位。

(人民网2016年4月20日)

训练提示:本则新闻属于权威部门下发的通知,播音时需要具体突出通知的要点、新鲜点。消息分为三个段落,播音员应根据通知段落有条不紊、逻辑清晰地进行播读。

稿件五

发改委:部分一线城市房价上涨趋势已得到有效抑制

发改委4月19日下午召开新闻发布会,介绍关于2016年推进新型城镇化的重点任务和《国家新型城镇化报告》有关情况。

据中国网实录,对于未来房价的走势,发改委规划司司长徐林表示,没有办法预测房价的走势。目前在中国部分一线城市出现了房价上涨趋势,而且上涨步伐非常快。对房价在这些地区过快地上涨,有关的地方政府和城市已经采取一些措施在抑制这种势头。这个势头在某些地区已经得到有效抑制。我们注意到中国房价上涨在大多数二线、三线、四线城市并没有发生。

徐林认为,这些一线城市恰恰也是土地资源相对比较稀缺、房价本来已经很贵的城市。所以要解决这样一个矛盾,就需要我们持续采取一些引导人口更多地流向中小城市的措施。

(中国证券网2016年4月20日)

训练提示:本则新闻介绍了国家发改委新闻发布会的内容,在播读权威部门发布的消息时,要注重语气的权威性和严肃性,给人以信赖感,切不可轻描淡写,或者过于活泼。

二、财经通讯

稿件六

奔驰中国销售不振拖累全球销量 遭总部内部整顿

长期以来,奔驰在中国的销量都落后于奥迪和宝马,而近几年,其落后的差距越来越大。去年,奔驰在华全年销量为19.62万辆,同比增长仅1.5%。而奥迪去年在华销量高达40.58万辆,同比增长近30%,宝马也达到32.64万辆,同比增长超过40%。

根据盖世汽车提供的最新数据,不管是1月—5月累计还是5月单月,奔驰在华销量都不到奥迪的一半,只有奥迪的40%多一点,且奔驰的增速远低于奥迪和宝马。

今年1月—5月,奔驰品牌在华(含香港)销量79 365辆,同比下滑3.8%;奥迪在华销量183 660辆,同比增长14.4%;宝马集团(含MINI品牌)在中国内地销量148 319辆,同比增长9.8%。

5月份,奔驰品牌在华销量17 684辆,同比增长7.0%;奥迪在华销量42 140辆,同比增长16.2%;宝马集团(含MINI品牌)在中国内地销量31 938辆,同比增长14.8%。

从国产车来看,奔驰的销量只有奥迪的四分之一。今年1月—5月,一汽大众的奥迪销量增长14.6%,至15.90万辆,而北京奔驰虽然有58.1%的大幅增长,仍只销售了3.93万辆。此外,华晨宝马也销售了8.35万辆,是北京奔驰的两倍多。

从全球销量来看,今年1月—5月,宝马、奥迪、奔驰销量分别为65.12万辆、64.02万辆和56.28万辆,增幅分别为7.2%、6.7%和5.9%。奔驰不管在销量数值还是增速上,都落后于宝马和奥迪。

然而，若不计中国销量，今年1月—5月，奔驰全球销量为48.35万辆，高于奥迪的45.65万辆。但加上中国的销量，奔驰的全球销量就落后于奥迪。可见，中国市场销售不利，直接导致奔驰在全球市场竞争中败北。

(新华网2013年6月28日)

训练提示：对财经新闻数字的处理，读准、读清是基本的要求。另外，本则新闻中出现了多处数字，要精选有价值的、最直观的数字来给予强调，播读简洁明快，这样才不会使整则新闻变得杂乱、累赘。

比如"去年，奔驰在华全年销量为19.62万辆，同比增长仅1.5%。而奥迪去年在华销量高达40.58万辆，同比增长近30%，宝马也达到32.64万辆，同比增长超过40%"这段文字中，需要强调的是奔驰年销量"19.62万辆"及同比增长率"仅1.5%"，因为这些数字体现了新闻想要表现的最主要信息。

稿件七

各省最新物价数据出炉 看看你那里什么涨什么跌

近日，国家统计局公布了全国31个省(区、市)5月份居民消费价格指数(CPI)。数据显示，猪肉价格上涨幅度最大，超过三成。鲜菜、部分服务价格也上涨较多。上海CPI同比上涨3.0%，居于各省(区、市)榜首，北京、宁夏涨幅低于1%，位居最后两位。

数据显示，今年5月份全国CPI同比上涨2%，比4月份回落了0.3个百分点，为年内首现回落。

其中，猪肉价格继续高位运行，同比上涨33.6%，影响CPI上涨约0.77个百分点。鲜菜价格同比上涨6.4%，涨幅比4月回落16.2个百分点，对CPI的影响也从4月的0.56个百分点回落至0.14个百分点。部分服务价格同比涨幅较高，其中护理、临床诊断、家政服务、学前教育价格同比分别上涨10.5%、8.2%、5.3%、4.1%。

在地区物价水平方面，除了海南省外，其余30个省(区、市)5月CPI涨幅均较4月回落。与全国涨幅相比，仅有上海、西藏、海南、青海、湖北、广东、江苏、重庆等8个地区5月份CPI涨幅超过全国水平。

在31个省(区、市)中,上海5月3%的CPI涨幅为全国最高,也是全国仅有的CPI涨幅为"3时代"的地区。数据显示,上海CPI涨幅自今年3月份开始已连续3个月处于"3时代"。

宁夏5月份CPI涨幅仅为0.7%,为全国最低。北京5月份CPI涨幅也跌破1%,仅为0.9%,较4月份回落了0.5个百分点,为去年2月份以来的最低值。据了解,5月北京鲜菜价格大幅下降,比4月份降了三成以上,比3月份更是降了接近一半,这直接拉动了北京的CPI明显走低。宁夏和北京也是全国仅有的两个CPI涨幅低于1%的地区。

对于未来物价走势,国家信息中心预测部主任祝宝良表示,受"猪周期"影响,猪肉价格仍会保持上涨趋势,但涨幅会逐渐缩小,未来物价存在温和上涨的空间,但总体平稳,不会大涨。

祝宝良认为,当前产能过剩问题依然存在,民间投资动力不足,社会总供给大于总需求的状况没有改变,预计全年的物价涨幅将维持在2.3%左右。

央行6月上旬在其官网发布的《2016年中国宏观经济预测》中,将2016年CPI涨幅预测上调至2.4%(上调0.7个百分点)。

文章指出,年初以来,受猪肉供给及天气因素的影响,CPI中食品价格涨幅较大。即使随着猪肉及蔬菜供给的改善,下半年食品价格对CPI的拉动效果逐步减弱,全年CPI涨幅也会明显高于原先预计。此外,PPI环比回升将逐步对CPI产生拉升作用,去年二季度以来房价的回升也会在一定时滞之后影响CPI的涨幅。

(央视新闻客户端2016年6月30日)

训练提示:财经新闻中,数字是最常见的,也是最重要的内容。播读时除了要看准、认清之外,还要注意数字之间的对比。例如,"猪肉价格继续高位运行,同比上涨33.6%,影响CPI上涨约0.77个百分点。鲜菜价格同比上涨6.4%,涨幅比4月回落16.2个百分点,对CPI的影响也从4月的0.56个百分点回落至0.14个百分点"。为了突出数字的改变,其他文字可以一带而过,读到数字时,要放慢速度,清晰准确。

稿件八

银行卡收单新规将出台 个体工商户无法刷信用卡

昨天,在中国支付清算行业运行报告发布会上,人民银行支付结算司副司长周金黄透露,前不久央行发布了《支付机构客户备付金存管办法》,下一步还会出台与之相配套的一些措施,即将出台银行卡收单业务管理办法。

据悉,银行卡收单业务是指银行和非金融支付机构等收单机构通过受理终端为特约商户提供的受理银行卡并完成相关资金结算的服务。4月末,各银行卡收单机构收到央行发送的新一版《银行卡收单业务管理办法》,并再次征求意见。该办法要求"对使用个人银行结算账户作为收单结算账户的特约商户,收单机构不得开通信用卡受理功能"。这意味着消费者在与超过4 000万个体工商户发生交易时,将不能刷信用卡。相关专家表示,新规意味着中国超过4 000万个体工商户将受波及。

也有银行业人士表示,新政可能产生的影响并不会非常大。据介绍,POS机安装分为"直联"和"间联"两种,前者是银联发展的商户,后者是银行自己发展的商户。在实际操作中,大多数个体POS机是以"间联"方式安装的,并不在禁刷范围内。

周金黄还透露,今年第一季度,全国共办理非现金支付业务金额371.46万亿元,同比增长26.63%。

(《京华时报》2013年6月28日)

训练提示:播音员、主持人对财经新闻中涉及的重点词汇应该表达准确,保证内容传达清晰明了。在本则新闻中就出现了"银行卡收单业务""直联""间联"等重点词汇,播读时应在理解重点词汇的基础上将这些重要信息点抱团突出,切忌轻描淡写,一带而过。

稿件九

2012年澳大利亚出口量增长强劲

澳大利亚外交贸易部最新数据显示,2012年澳出口总量同比增长6%,为过去十年年均出口量增长的两倍,创下自2000年以来最高的增长率。

2012年,矿产和燃油出口量同比增长10.9%,领涨出口,远超十年年均增幅5.1%;农产品出口量同样增长强劲,同比增长11.6%。

然而,2012年澳出口总额为3 001亿澳元,同比下降4.2%,因为出口价格的下降(10.2%)抵消了出口量的增长。

2012年,中国仍为澳第一大贸易伙伴,进出口贸易总额1 252亿澳元,占澳对外贸易总额的20%。日本和美国分别以711亿澳元和562亿澳元名列第二、第三大贸易伙伴,占比11.5%和9.1%。统计数据还显示:2012年,澳大利亚天然气出口增长强劲,达124亿澳元,同比增长21.1%,成为继铁矿石、煤、黄金和教育服务后澳大利亚第五大出口商品;精加工产品出口连续第三年呈上升趋势,同比增长2.1%,达281亿澳元,其中药品出口42亿澳元,增幅15.4%,车辆和零部件出口28亿澳元,增幅20.3%,特种机械出口42亿澳元,增幅5.2%;食品出口同样取得好的业绩,小麦出口65亿澳元,同比增长7.5%,蔬菜、水果和坚果出口19亿澳元,同比增长28.9%。2012年,澳商品和服务贸易进口增长7.4%,特别是精加工产品进口1 602亿澳元,同比增长10%。

(新民网2013年6月28日)

训练提示:财经新闻播音要在清楚语句意思和重音关系的基础上,处理好停连关系,以免造成语意的割裂和混乱。比如稿件中"2012年,澳大利亚天然气出口增长强劲,达124亿澳元,同比增长21.1%,成为继铁矿石、煤、黄金和教育服务后澳大利亚第五大出口商品"这句话标点停顿较多,为了在播读时使这些短句语意清楚又连贯,可以采用似停非停、似连非连的方法,以语流曲线的细微变化来表现语句关系。

稿件十

西方国家推销"大炮"换黄油

经济学理论中,"大炮和黄油"的比喻被用来讨论军费开支和经济发展之间的权衡,同样的钱,用于"大炮"购置的费用增多,也就意味着黄油购买的减少。英国《简氏防务周刊》日前发布报告称,2008年至2012年,全球的军火贸易增长30%,这对持续低迷的世界经济来说,未必是好事。

该报告共研究了全球3.4万个军火采购项目,结论称,到2021年,亚洲强国的国防开支将超越美国,成为全球军火最大消费国。报告称,2008年至2012年,全球军火贸易增加了735亿美元,到2020年,这一数字还将增加一倍以上。届时,全球军火贸易将出现"爆炸性"局面。

而从军火流向来看,绝大部分军火被亚洲国家采购。韩国、菲律宾和越南等国家都非常重视研发和引进新式武器装备。如韩国宣布要研发射程达800公里以上的导弹,计划在延坪岛部署从以色列引进的"长钉"导弹。

菲律宾国防部部长向外界透露,菲正加速采购最新武器装备,未来5年用于保障国家安全的装备现代化项目多达138个。2009年12月,越南与俄罗斯一次性签订了价值12亿美元的6艘潜艇购买合同……

在2012年全球20大项军火交易中,印度占了6项。2010年,沙特与美国签订的一份军火协议金额就达610亿美元。

据俄罗斯世界军火贸易分析中心统计,按军火出口合同额计算,2012年美国位居世界第一。根据初步评估,美国2013年军火出口合同额可能超过创纪录的2011年。

随着销售方向的变化,西方军火商在这种转变之下,也进行了战略调整,要么出口军火到亚洲,要么减小规模。众多公司选择了与亚洲国家合作,洛克希德马丁、波音想把日本、印度和韩国作为兜售军火的国家,但也必须与这些国家的国防企业合作。

[《人民日报》(海外版)2013年6月29日]

训练提示：任何新闻事件的发生、发展都不是孤立的，都有所处的历史背景，都与周围的事物存在着联系。为了帮助受众深刻理解新闻事实，保证财经新闻播音的客观性，有时需要播音员、主持人突出新闻背景，不仅可以对稿件的主题起到烘托、深化的作用，而且有助于播音员、主持人找准播报的着眼点以及把握感情态度的分寸。

三、财经评论

稿件十一

部分药品售价高出厂价 5 到 6 倍 专家：药价虚高是普遍现象

【导读】70多万种药品零售价被网站曝光，普遍超过出厂价5到6倍。《央广财经评论》本期观点：加强第三方监督，助力医改取得新成效。

据经济之声《央广财经评论》报道，药价虚高的问题让每个人都感到很头疼，这也是目前不断推进的医改要重点解决的问题之一。但是从现阶段来看，药价依然难以让人满意。

就在最近，一家叫做"降药价网"的网站撕开了药价的面纱，根据这家网站公布的70多万种药品的零售价和出厂价，一些药品的零售价高得有点吓人。

例如，有一款广谱抗生素头孢尼西注射剂，每支0.5g的规格零售价为32.8元，而出厂价仅为4.9元；片剂贝沙坦氢氯噻嗪片是治疗原发性高血压的常用药，162.5mg 7支装的规格零售价38.07元，出厂价却只有4.75元。

看起来挺吓人，那么这些信息靠不靠谱呢？这家"降药价网"的创办人叫作卫柏兴，他从1997年开始从事医药销售行业，2011年创办了这家"降药价网"。而且根据网站的显示，这是一家已经取得互联网药品信息服务非经营性资格证的网站，也就是说，信息应该是相对准确的。

中欧国际工商学院卫生管理与政策中心主任蔡江南认为，虽然目前没有看到任何官方公布的数据，但据估测，药品零售价比出厂价高出5到6倍是普遍现象。

虽然这种揭底行为让老百姓看到了药价的真实情况,但是也有业内人士认为这种行为并不恰当。东盛集团董事张斌告诉媒体,如果公布所谓的药品"底价"是唯低价是取,那么这种做法只考虑到药品的原材料成本,置研发及创新成本于不顾,这种做法不仅无益于药品价格的改革,还有可能引发经典配药的短缺。

看来公说公有理,婆说婆有理。我们如何看待这种行为呢?北京大学教授李玲对此评论。

记者: 药价偏高是不争的事实。那么,售价超出厂价5到6倍,到底是哪些机制和环节导致的?通过这些年的医改,我们是否已经找到了解决这些问题的途径?

李玲: 药价虚高是一个普遍的现象,离开这个行业的人都知道这是一直存在的。我们国家药价虚高的背后实际上是整个制药行业一地鸡毛。这在全世界都是一个垄断的行业,而且是利润最高的一个行业,但在我们国家是一个过度竞争的行业。我们有六七千家药企,而所有的药企一年的销售额加起来可能都比不上跨国公司一到两家,所以它们实际上是没有能力做研发,价格是它仿制生产的成本。5到6倍的药价其实最大的就是它的销售,它要把这个药卖出去,就是销售成本。这些年医改,从安徽开始的等级量价挂钩的招标采购,比较好地解决了这个问题,因为它要付出销售成本,它就要翻番,翻了5到6倍。安徽当时就招一家厂商,以市场来换价,就是量的保障,所以又把它的销售成本减少了,对双方都有利,这其实是下一步医改应该努力的一个方向,也是世界上普遍的方向。

记者: 一个是行业集中度还是比较低,乱象还比较多,再一个就是销售的流通环节的成本还是比较高。引入像"降药价网"第三方机构是否有利于让药价合理化?另外还有观点认为曝光低价是无益于改革的,您怎么看?

李玲: "降药价网"起到一个信息披露的作用,但是如果我们都把药价降到最低出厂价,确实不利于中国制药企业的发展。因为国家现在药企可能在原创方面比较差,原因就是其实它们的利润比较薄,没有能力去搞研发。而跨国公司一年的研发投入大概占到销售额的20%,我们可能连1%都不到。所以从行业的长远发展来看,其实应该解决一个比较好的性价比的问题,当然不是让药价虚高。"降药价网"解决了信息披露,解决不了制造行业的少乱差的问题。

记者：可以告诉我们一个现状,但是结构性的问题它还是解决不了的。

李玲：要由国家产业政策来解决这个问题,而且要大气力,小打小闹是解决不了的。

我们认为,药价牵扯到每个人的利益。高企的药价已经让普通老百姓颇有微词,降低药价势在必行。但降药价并不是一低到底,而是要让药价趋于透明和合理。只有让药价在阳光下运行,减少药品流通环节,优化药品定价机制,才能做到让老百姓、医院、药品生产企业等各方都满意。

（央广网2015年3月30日）

训练提示：对于关乎国计民生的重要财经新闻,播音员、主持人需要站在全局性的角度对问题进行评论,对中央或地方的新政策、新部署、新精神进行传达和阐述。财经新闻评论播音的目的是用鲜明的观点抑恶扬善、辨明真伪,推动事业前进。为了充分发挥这种社会作用,播音员、主持人应该自觉、全面地把握和理解评论各方的观点,做到播音时不偏不倚、客观公正,达到以理服人的传播效果。

稿件十二

人民币国际化征程"最后一公里"　专家：
外汇市场已经逐渐开放(节选)

【导读】 外汇管理局表示,40项资本项目交易中,已有34项达到部分可兑换水平,占比85%。本期《央广财经评论》关注：人民币国际化征程的"最后一公里"。

据经济之声《央广财经评论》报道,当马拉松长跑剩下最后一公里时,人们对运动员的表现最关注,而我国人民币资本项目可兑换下的漫漫征程如今就到了这样的时刻。国家外汇管理局综合司司长王允贵昨天说,在40多项资本项目交易中,能够实现部分可兑换的已经达到85%左右。在可兑换路程上只剩下

"最后一公里"。

早在2008年12月1日,我国实行了人民币经常项目下的可兑换,但资本项目可兑换的马拉松长跑到今天还没有结束。中国"十二五"规划提出了加快推进人民币实现资本项目可兑换,2015年是"十二五"的最后一年,正像长跑比赛在最后阶段要冲刺那样,今年发力应是意料之中。但这最后一公里如何跑完万众瞩目,因为不仅会带来巨大的利益,也存在一定的风险。

资本项目如果可兑换,是否会增大资金外流风险,这个问题市场非常关注。王允贵表示,在改革过程中,需要不断试探、不断完善改革方案。在这个过程中,会把风险的问题、资本流出的问题当作重中之重去考虑,守住不发生系统性、区域性金融风险的底线。

人民币实现资本项目可兑换对金融市场究竟意味着什么?经济之声特约评论员、国务院发展研究中心金融研究所研究员吴庆分析,对人民币国际化有重要意义。

吴庆: 资本项目可兑换是人民币充分国际化的一个前提条件。人民币成为国际货币,对于世界上的使用者来说,他们应该很容易得到人民币,也能够很容易用人民币去购买他们所需要的任何东西,包括金融资产、金融商品等。作为这个市场上资金的使用者,金融机构更关心的是将人民币放在人民币的市场上进行投资、运营,那么这就涉及一个人民币的跨境使用的问题,这就是所谓的资本项目下调对外开放的问题。

和我们有关的就是他们拿到的人民币能不能很容易地跨越中国国境,进入到中国国内投资金融市场,他的投资有了收益,或者是他在国外需要使用人民币的时候能不能很容易地把人民币从中国境内转移到中国境外,这是全世界使用者都很关心的事情。

记者: 如今在实现可兑换路程上只剩下"最后一公里",还有哪些"硬骨头"要啃?

吴庆: 人民币资本项目的对外开放开始很不容易,完成也很不容易,我觉得剩下15%对我们来说已经不具有太大的挑战,但是我们为了适应资本项目的开放,需要有一系列其他政策的配套。在所有的配套政策中,我认为最关键、最重要的就是人民币汇率政策的变化、汇率制度的变化，我们现在的汇率还是一种有管制的浮动汇率，我们的人民币盯住一个篮子，而且在这个篮子中美元的比重相当大。在这种情况下，人民币如果在资本项目上实行这种开放，其实开放程度越大，我们的风险就越大。要实行人民币资本项目的进一步对外开放，很重要的一件事情就是要加大人民币的浮动区间，让人民币更加自由地浮动起来，甚至我认为我们已经到了这个时点，我们可以引起人民币完全自由地浮动。外管局和中国人民银行在正常情况下都不再干预外汇市场的交易，不再调节人民币的汇率。那么在这种情况下，我们放开资本的跨境流动，特别是资本项目的开放更安全。

（中国广播网 2015 年 3 月 27 日）

训练提示：财经新闻评论属于专业性较强的新闻报道类型。因此，在财经新闻评论中，会涉及很多不常见的词语或专业术语，如果播音员、主持人对这些术语的含义不清楚，一定要查找准确，切不可想当然地播读，否则很容易造成词不达意、找错重音或者断错句的后果。如本稿件"人民币实现资本项目可兑换"一句中"资本项目可兑换"就表示一个单独、固定的含义，要抱团播读，如果不理解就容易出错。

思考与练习：

1. 如何处理财经新闻中出现的数字？
2. 当前财经新闻都有哪些播音方式？它们各有什么特点？
3. 做一名财经类节目的主持人，应该具备哪些基本素质？
4. 怎样锻炼自己的评论能力？
5. 在吐字发声方面，财经新闻和其他新闻相比有哪些不同之处？

第四章　体育新闻播音

教学目标：了解体育新闻播音的概念和要求，掌握体育新闻播音的专业技巧。

教学重点：体育新闻的播音要求。

教学难点：体育新闻的播音技巧。

课时分配：8课时。

第一节　理论概述

一、什么是体育新闻

体育新闻是传播人类体育运动、健身活动及其相关信息的报道。以竞技运动报道为主，集休闲性、国际性、情感性于一体是体育新闻区别于其他新闻的鲜明特征。正是这些鲜明的特征吸引着受众，让越来越多的人关心体育新闻、观看体育新闻、参与体育新闻的互动。

二、体育新闻播音的基本要求

1.体育播音的态度掌控

在播报体育新闻的过程中，只需要把新闻事实叙述清楚，让受众自己去理解、去感受,也就是要注意态度的分寸控制:利用内在语来控制语气,避免态度偏激。

2.体育播音中长句子的处理

一般来讲,体育新闻稿件的句式应该是简短精悍的,但有的时候,为了叙述的连贯性或者表达的明确性等,稿件中也会出现长句子,这就要求播音时将句子的语法、逻辑关系表达清楚和准确,便于受众理解。

3.体育播音中对数字的处理

对数字的处理,读准、读清是基本要求。而体育播音对数字又有着更加严格的要求。因为数字往往是运动项目或者运动员成绩的具体体现。

给数字着色是处理新闻稿件中数字最主要的方式。注意对数字着色要有选择性:在一篇新闻稿件中如果多处出现了数字,就要精选有价值的、最直观的数字来进行着色,这样才不会使整则新闻变得杂乱、累赘,从而令有声语言的表达简洁、明快。

4.体育播音中播报速度的把握

体育新闻稿件播报中的停连要符合生理和心理的需要,要让人听得懂。用语气的转折和起伏来区分层次,突出重点。利用语流的疏密变化加大层次间以及语句内部的主次对比。

三、体育新闻播音的技巧

消息应该是在最短的时间里,用最简洁的语言、最快的速度把真实的事件传播出去。因此它要求准确无误、层次清楚、节奏明快、客观朴实。体育新闻播报不是念稿子,字里行间渗透着播音员、主持人对新闻的理解,播报就是把这种理解、感受真切地传达给受众。因此要注意以下几点。

第一,消息传递要有精、气、神。播音过程也是信息传达的过程,把一件刚刚发生的事情播报出去,播音员、主持人除了要在备稿过程中找到新鲜点之外,还要有精、气、神,即保持明快晓畅的语流和热情洋溢的状态。

第二,稿件处理要逻辑严密。体育新闻播音切忌拉杂、拖沓,句与句的衔接要紧密。语流要紧凑,逻辑要严密,避免散乱或是无感情、不经心、缺少变化。

第二节 示例分析

示例一

冲第 10 冠! 尤文狂胜晋级 进球盛宴唯 1 人失意

特维斯、皮尔洛、略伦特、比达尔、布冯等一干主力轮休,斑马军团的实力却没有受到丝毫影响。迎来连续三个主场的斑马军团首战就以 6 比 1 战胜维罗纳,向着第 10 冠冲击的尤文图斯迈出了第一步。

斑马军团是赢得意大利杯次数最多的球队,但上一次赢得意大利杯还是在 1995 年,第 10 冠成了可望而不可即的目标。凭借 2007、2008 年两度夺冠,罗马已经追平了尤文图斯的夺冠纪录,而拉齐奥、国际米兰 21 世纪已经 4 次夺冠,蓝黑军团更是以 7 次夺冠迫近斑马军团。执教尤文图斯的三个赛季,孔蒂完成意甲三连冠,也两度夺得意大利超级杯,但始终无法赢得意大利杯。

孔蒂执教时,尤文距离意大利杯最近的一次是在 2011-12 赛季,但尤文在 3 比 1 战胜亚特兰大夺得联赛冠军后过于放松,在对那不勒斯的决赛,孔蒂坚持使用皮耶罗、博列洛、埃斯蒂加里维亚、斯托拉里这样的替补球员,马扎里则派上了包括卡瓦尼、拉维奇、哈姆西克在内的全部主力阵容,结果斑马军团 0 比 2 完败。此后两个赛季,三线作战的尤文不得不战略性放弃这项赛事,毕竟孔蒂认为联赛夺冠和欧冠更加重要。

与孔蒂不同,接手尤文图斯之后的阿莱格里将突破口选择在了欧冠和意大利杯,毕竟尤文 2013-14 赛季欧冠小组赛未能出线,而意大利杯则是孔蒂执教时未能赢得的奖杯。因叔一度希望执教尤文首个赛季就成为三冠王,可惜在意大利超级杯点球决战负于那不勒斯,这让意大利杯成了不容有失的目标。

考虑到赛程紧密,阿莱格里还是决定在十六强战轮休部分主力,皮尔洛、特维斯甚至没有被列入名单，略伦特、布冯、埃弗拉也没有首发出场。维罗纳主帅曼多里尼的选择如出一辙，老前锋托尼轮休，毕竟周末对尤文的比赛才更重要。意外的是，比达尔周四突然扁桃体发炎，只能回家休息，阿莱格里意外地让佩佩首发出场，组成了乔文科、莫拉塔、佩佩的全新三叉戟，这也是囧叔使用的第三套阵形。

锋线三人中各有心事，佩佩久伤初愈后本赛季得到的出场机会不多，而乔文科一直是离队的热门人选，莫拉塔则急于证明自己。饥饿感、狠劲十足的三名前锋在新阵形中游刃有余，乔文科则成了领军人物，原子蚂蚁在禁区前的突破、跑动让对手很头疼，前13分钟就两次被对手在禁区前放倒，而他也以一记精妙绝伦的任意球破门。

乔文科上一次破门还是在2014年4月14日对阵乌迪内斯时，打破球荒的原子蚂蚁更加活跃，半场结束前小禁区内轻松推射破门，这是乔文科自2012年9月以来首次梅开二度，当时的对手仍然是乌迪内斯。乔文科还在下半场创造了点球，而且无私地把罚球机会让给了莫拉塔。有媒体分析，这或许是乔文科在尤文图斯的最后一场比赛，毕竟尤文希望用乔文科交换佛罗伦萨门将内托，而帕尔马、都灵甚至是阿森纳都希望得到原子蚂蚁。打入2球并且创造点球，乔文科证明了自己的能力。

阿莱格里赛前就表示："除特维斯之外，4名前锋里的2人会首发，另外2人会在下半场出场。"早早大比分领先，阿莱格里没有让略伦特出场，科曼则出场替换乔文科，法国前锋也没有令人失望，右路内切后的右脚劲射如同出膛炮弹一般飞入球门，这是科曼的尤文处子球，《都灵体育报》评价："以这样一个世界波打入处子球，他的未来太让人期待了。"

最郁闷的当属莫拉塔。西班牙前锋利用点球打破自11月8日以来的球荒，但莫拉塔在进球后甚至没有庆祝，博格巴也连声安慰西班牙前锋。西班牙前锋没有达到预期值是事实，以2 000万欧元的身价从皇家马德里转投尤文，还接过了象征主力中锋的9号球衣，但莫拉塔却没能充分展示自己的能力。除2名锋线铁打主力之外，莫拉塔是出场机会最多的前锋，但本赛季20次出场仅打入5球，此役若非乔文科让贤，莫拉塔的球荒还将延续下去。

尽管替补出战,但尤文仍然轻松晋级八强,更值得关注的是,斑马军团最后时刻场上同时有 4 名 90 后球员,分别是博格巴、科曼、莫拉塔、马蒂耶罗,斑马军团的未来值得期待。维罗纳实力不强,且更专注于联赛,尤文在四分之一决赛的对手也不强,帕尔马目前在联赛排名第 19 位,尤文图斯真正的考验将是半决赛,不论是遇到罗马还是佛罗伦萨,斑马军团都将遭遇一场恶战。

(央广网新闻 2015 年 1 月 16 日)

示例分析:(1)背景资料:尤文图斯足球俱乐部(Juventus Football Club S.P.A)成立于 1897 年 11 月 1 日,位于意大利皮埃蒙特大区都灵市,是意大利国内历史最为悠久的俱乐部之一,也是夺得意大利足球甲级联赛冠军次数最多的球队,还是历史上第一个实现三大杯(欧洲冠军联赛、欧洲联盟杯、欧洲优胜者杯)"大满贯"的俱乐部。尤文图斯足球俱乐部在欧洲足坛具有举足轻重的地位,是欧洲乃至世界上最为成功的球会之一。

安东尼奥·孔蒂(Antonio Conte):从 1985 年开始在莱切青年队踢球,并在当年上演了他的意甲处子秀。加盟尤文图斯后曾长时间担任队长。球员时代的孔蒂是尤文图斯中场一道坚实的屏障。颇具领导才能的他担任过尤文图斯的场上队长。2005 年,孔蒂在锡耶纳队开始了他的执教生涯,担任锡耶纳队的助理教练。2011 年,执教尤文图斯足球俱乐部。2014 年,执教意大利国家队。

马西米利亚诺·阿莱格里(Allegri Massimiliano):意大利足球教练,前足球运动员。2010 年,执教 AC 米兰,2014 年被解雇。现任尤文图斯足球俱乐部主教练。

意大利杯(Coppa Italia):由意大利足球总会主办的一项淘汰制足球比赛。该项赛事是意大利国内最高水平的足球杯赛。意大利杯冠军获得者可以在次年的球衣上绣上冠军标志——一个红白绿三色组成的靶状图案,靶心为红色,往外依次套着白色和绿色圆环。而每夺得 10 次意大利杯的冠军,就可以在胸前绣上一颗银色的星星。

(2)训练提示:播音员、主持人首先要对稿件做到心中有数,要了解新闻中的赛事背景、人物背景、新闻背景等一系列知识内容。大部分赛事都是循环、持续进行的,运动员的状态甚至也是背景之一。因此,播音员、主持人要做到传情达意,并承接上场比赛保持连贯性,引出接下来的赛事看点。

一则体育新闻当中往往会出现不同的球队、教练甚至是球员的姓名,如果不能对其历史背景有一定的了解,播报时就会显得苍白无力。因此,播音员、主持人对体育新闻播音要做到了解背景、突出重点、诠释清晰。

示例二

米兰官方确认沙拉维跖骨骨折 伤6周无缘战尤文

北京时间1月27日消息,AC米兰通过官方网站确认了沙拉维的伤情,沙拉维右脚趾第五跖骨骨折,据悉,沙拉维将面临6周的休战。

在上轮联赛中,AC米兰1比3被拉齐奥逆转,沙拉维在赛后接受了队医的检查,AC米兰在确认沙拉维伤情的同时,宣布将在6周后对沙拉维进行复诊。

本赛季沙拉维为AC米兰在联赛中出场15次,打进1球,助攻3次,AC米兰将在这周的意大利杯上再次对阵拉齐奥。在赛前公布的比赛名单中没有沙拉维的名字,随后AC米兰将在2月8日对阵尤文,沙拉维也很难复出参加本场比赛。

(新华网2015年1月27日)

示例分析:(1)背景资料:AC米兰(Associazione Calcio Milan)成立于1899年12月16日,创始人是阿尔弗雷德·爱德华兹。此后历经了百年风风雨雨,AC米兰发展成为今天世界上最伟大的球队之一。AC米兰的传统队服是红黑相间的条纹衫,所以常被球迷称为"红黑军团"。截至2013年,AC米兰共获得7次欧冠冠军,18次意甲联赛冠军,并且是世界上夺洲际杯次数最多的球队。

斯蒂芬·艾尔·沙拉维(Stephan El Shaarawy):1992年10月27日出生,意大利球员,前锋,效力于AC米兰。因为具有埃及血统,被粉丝们称为法老。从热那亚队开始职业生涯,因为外租帕多瓦队时有出色的表现,被AC米兰相中并签下。2012-13赛季,由于伊布转会巴黎圣日耳曼,沙拉维成为AC米兰的进攻核心。2012年被英国《卫报》评选为世界百佳球员第52位。

(2)训练提示:在某种情况中,体育新闻作为整个新闻节目的一部分,往往是与时政、经济、文化等并列的单元。所以为了保证节目的完整性,体育新闻播音必须符合整体的播音风格。因此要做到以传达体育信息为主,不进行刻意的描述和渲染,使其与整体相和谐。

示例三

网坛天王需"标"新立异 穆雷发布个人标识

虽然穆雷仍然没能圆澳网冠军的梦,可他还是凭借着亚军的积分将 ATP 排名提升至第四位。于是,"四巨头"又重新占据了世界前四的位置。而且现在苏格兰人和费德勒、纳达尔、小德一样都有了专属 Logo,大家都是"有形象"的人了。

穆雷"77"暗指温网冠军

无论从媒体影响力还是从商业角度来讲,穆雷都是 ATP 的顶尖人物。每逢大赛,英国记者都会占据半壁江山,他的一举一动都会被详细地诉诸报端。澳网之前,他还和美国品牌 Under Armour 签订了 4 年 1 500 万英镑的大单。

不过,这样的一个穆雷却在今年年初才拥有个人 Logo,这实在是有点姗姗来迟。这一标志乍看上去是一个斜体的字母"M",但中间的短横线又分隔出来一个字母"A",合起来就是他的名字 Andy 和姓氏 Murray。此外,整个 Logo 里还包含了数字 77,这指的是他在 2013 年成为 77 年来首个在温布尔登夺冠的英国人。

"简单而有视觉冲击,这代表了他在场上所展现出来的统治力。"虽然看上去这个 Logo 想要呈现的东西太多,可向来不怕繁琐的英国人和英国媒体大部分都对此给予了好评。根据 Brand Republic 调查公司给出的数据,其接受度高达 70%。

当然,也有人认为这个"AM77"还是不能完全展现穆雷的特质,于是亲自动手进行设计。《卫报》选取了一些网友的创意,有的纯属搞笑,但有的效果还真是不错。

纳达尔 好一头西班牙蛮牛

在2004年刚开始震惊网坛的时候,纳达尔就被冠以"马洛卡岛的愤怒公牛"的称号。可是,身处地中海中心的马洛卡岛并不像西班牙其他地方那么热衷于斗牛运动,纳达尔本人也并不"愤怒"。

随着他的成绩逐渐提高,这个以讹传讹的绰号也逐渐被传播开来,以至于他的服装赞助商耐克也采用了公牛的形象来作为他的个人Logo。当他第一次在罗兰加洛斯捧起法网冠军奖杯时,全世界都把目光投向了这位刚刚度过19岁生日的少年。而他自己则尽情地拥抱在看台上的叔叔兼教练托尼,眼里充满泪水。

从那一年开始,这个谦和的西班牙人就开始了自己对法网的统治。他的公牛帽子也成为卖得最火的单品,只是有时候那头牛在正中间,有时候在左侧。

小德 抽象"DJ"让人看不懂

费德勒和纳达尔的Logo始终都在他们和球迷的头顶上闪耀,穆雷的"AM77"也因为英国媒体的强势推广而家喻户晓。相比之下,世界第一小德的Logo虽然早在2012年就已经面世,但是知道的人好像并不多。

塞尔维亚人的个人标志是一个大写的字母"D",下半部分看上去是一个旋转的字母"J"。对于这个设计,网友们有不同的解释,但通常会被理解为这是他姓氏"Djokovic"的缩写。该Logo是小德和一家网络设计公司PRpepper合作的结果,后者称他们在这个设计里融入了7种元素。

"我想你们肯定想要知道我的新Logo到底有什么含义,我和我的团队接下来会告诉大家。"2012年5月,小德在自己的网页上写道:"说实在的,我们花了很长时间才确定这个方案,我们希望它是特别的、独一无二的、有象征意义的。"只是它到底说的是什么,人们始终还是要猜。

费德勒 飘逸的花体字母F

费德勒的服装赞助商非常用心,他们会根据不同的比赛为瑞士人设计不同的比赛服。令人印象最深的是2008年温网时他穿的那件毛衣外套,纯白色的衣服上镶着金边,胸前还有金色的花体字母"F"。

这是瑞士天王的个人Logo,"F"是他的姓氏"Federer"的首字母。关于为什么会选择这样一个标志,费德勒在2013年美网期间专门作出过解释。"最初我有这方面的想法时,并没有确定要用一个什么样的方案。但耐克随后给我提供了很多不同的标志,他们让我从中选择一个。这是非常标志化的设计,我感到非常幸运。"

自从拥有了个人Logo之后,所有费德勒专用的服装都会绣有花体"F",球迷们也以能够拥有一件类似的网球单品而感到骄傲。在大满贯和大师赛赛场上,头戴"F"帽子的球迷随处可见,他们甚至可以通过这顶帽子来确认彼此"奶粉"的身份。

"能够让大家通过这个标志联系起来,我觉得自己也是他们中的一员。"瑞士人说,"我不知道到底卖出了多少顶帽子,但我想应该很多吧!"

(《北京晨报》2015年2月5日)

示例分析:(1)背景资料:澳大利亚网球公开赛(Australian Open)是网球四大满贯赛事之一,创办于1905年,至今已经有100多年的历史。比赛通常于每年1月的最后两周在澳大利亚的墨尔本体育公园举行,是每年四大满贯中最先举行的一个赛事。比赛设有男子单双打、女子单双打以及混合双打等项目。男子单打冠军奖杯是诺曼·布鲁克斯挑战杯,女子单打冠军奖杯是达芙妮·阿克赫斯特纪念杯。

安迪·穆雷(Andy Murray):1987年5月15日出生于苏格兰,英国著名男子职业网球运动员。教练是毛瑞斯莫,前教练是8届大满贯冠军得主伊万伦德尔。安迪·穆雷3岁开始打网球。2004年,曾赢得美国公开赛青少年组冠军。2005年,转入职业球员。2006年2月,在圣何塞拿到了个人第一个ATP巡回赛冠军。2007年4月,第一次进入ATP排名前十。2009年8月,达到他职业生涯最高的排名——世界第二(截至2014年7月7日)。2012年伦敦奥运会,穆雷在男单决赛直落三盘战胜费德勒,成为104年以来英国第一位奥运会网球单打金牌得主。2012年美国网球公开赛夺冠,成为继1936年同胞弗雷德·佩里之后,76年来第一位夺得大满贯男单冠军的英国选手。2013年温布尔顿网球公开赛决赛以3∶0力克德约科维奇,成为自1936年弗雷德·佩里夺冠之后第一位拿下温网的英国本土选手。

拉菲尔·纳达尔(Rafael Nadal):1986年6月3日出生于西班牙马略卡,西班牙职业网球运动员。2001年转入职业网坛,2005年7月排名攀升到世界第二,并蝉联至2008年8月。2008年8月18日,纳达尔登上世界第一王座,10月锁定年终第一的位置,成为公开赛年代首位西班牙籍的年终球王。2010年法网,纳达尔第5次在罗兰加洛斯加冕,同时也取代费德勒重返世界第一。截至2014年,纳达尔获得14个大满贯冠军(大满贯冠军数与皮特·桑普拉斯并列世界第二。世界第一为费德勒,17个大满贯冠军),包括9次法网冠军、2次温网冠军、1次澳网冠军和2次美网冠军,并获得过北京奥运会单打冠军。纳达尔是网球历史上男运动员中3位金满贯得主之一,创造了ATP多项纪录。

诺瓦克·德约科维奇(Novak Djokovic):1987年5月22日出生,塞尔维亚职业网球运动员。2003年,德约科维奇转为职业球员。2007年,世界排名升至第三。2008年,首次获得澳网冠军。2011年,获得温网和美网冠军,世界排名升至第一。截至2015年2月,德约科维奇已经赢得包括8个大满贯、20个大师系列赛和4个年终总决赛在内的49项ATP单打冠军。

罗杰·费德勒(Roger Federer):1981年8月8日出生,瑞士男子职业网球运动员,以全面稳定的技术、华丽积极的球风、绅士优雅的形象而著称。费德勒拥有ATP史上最长连续单打世界第一周数(237周,2004—2008年间),17座大满贯男子单打冠军的纪录,并4次获得劳伦斯世界体育奖最佳男运动员。

(2)训练提示:在专门的体育新闻节目中,由于所有的内容都是体育类的,播音员、主持人播报时就要做到口语化,轻松自然。不仅要传达准确的体育信息,也要符合新闻内容的情境,适度地刻画和渲染,不仅要"达意",也要"传情"。

另外,在体育专题类节目中除了播报体育新闻信息之外,也可以掺杂一定的娱乐信息。体育专题类节目篇幅相对比较长,如果不能将娱乐性质的内容很好地融入节目中,会让受众丧失兴趣。例如,赛事的背景资料、运动员的个人新闻等都是不错的选择,可用以丰富新闻内容。

第三节 训练稿件

稿件一

孙杨再度无缘浙江体坛十佳候选 缺乏正能量?

在22日下午启动的2014浙江体坛十佳评选活动中,曾多次当选票王的奥运会冠军孙杨再度落选,这也是孙杨连续第二年落选浙江体坛十佳。

本次评选涉及最佳男、女运动员等10个奖项,浙江省体育局和浙江省体育记者协会根据运动员在2014年国内外大赛中取得的成绩及综合表现,推荐产生了叶诗文、陈盆滨等20名候选人。

对于孙杨的落选,浙江省体育局副局长翟晓翔解释说,这是"因为众所周知的原因",并表示,"评选活动评的是浙江体育的骄傲和榜样,除了赛场上的优异成绩以外也包括赛场外的体育精神,需要具有激励作用的正能量"。

事实上,2014年孙杨在竞技成绩上并不逊色于其他浙江籍运动员。在仁川亚运会上,孙杨独揽3金,成为当之无愧的赢家。不过,这一切成绩的光环被随后的兴奋剂风波所影响。孙杨因兴奋剂阳性遭禁赛,官方定性为误服,作为运动员他的最大失误在于"没有尽到注意责任"。

据了解,十佳运动员的最终评选结果将在3月上旬揭晓。

(新华网2015年1月22日)

训练提示:首先明确新闻大意,这则新闻是说"孙杨无缘今年浙江体坛十佳候选,其夺冠光环背后是兴奋剂风波所带来的影响"。划分层次:第一,新闻的态度要把握清晰。这是一则带有批评色彩的正能量导向式新闻,以孙杨误服兴奋剂为例,说明其最终影响。第二,从正、反两方面来树立正确的体育精神。这则新闻层次鲜明、目的明确,播读时要注意节奏的把握以及对正、反两方面态度的把握。第三,突出重点。突出重点有利于受众产生共鸣,从而深化新闻主旨与精神。

稿件二

第四届伊春国际女子冰壶赛揭幕 中国队首战告捷

北京时间 1 月 15 日,第四届中国伊春世界六强国际女子冰壶邀请赛在黑龙江伊春汇源国际会展中心盛大开幕。来自中国的 3 支队伍均取得开门红,刘斯佳、刘金莉、于鑫娜、姚茗悦组成的新一届中国女子冰壶队首战告捷,她们今晚以 7 比 3 战胜美国队。哈尔滨队出人意料地以 10 比 2 的大比分战胜劲敌加拿大,东道主中国伊春队也以 10 比 5 击败日本队,韩国队则以 11 比 4 战胜土耳其队。

本次赛事作为冰壶传统赛事,由国家体育总局冬季运动管理中心和黑龙江省体育局共同主办,伊春市体育局和北京山水富源体育文化发展有限公司承办,2022 冬奥会申办委员会体育部、中央电视台体育频道提供支持。

开幕式上,国家体育总局宣传司司长张海峰,伊春市市委书记王爱文,市长高环,黑龙江省体育局副局长赵英亮,世界冰壶联合会官员、本届赛事裁判长皮特逊,伊春市副市长李龙吉,伊春市体育局局长霍义臣,汇源集团官员李光,北京山水富源体育文化发展有限公司董事长刘嚣等出席。

张海峰表示,国家体育总局、冬奥申委高度重视此项赛事,伊春在发展冬季运动项目上走在了国内前列。在如今申冬奥的大热潮下,伊春国际冰壶邀请赛已通过国家体育总局正式上报国务院办公厅,列入了中国申办冬奥冰雪系列活动,成为"3 亿人上冰雪"的宣传推广计划中的一项重要内容。

今晚开幕式后,各队迎来邀请赛首战争夺。由于王冰玉领衔的一批国家队队员在索契冬奥会后都选择了退役,此次中国队由刘斯佳、刘金莉、于鑫娜、姚茗悦组成。这次邀请赛是她们首次在国内亮相,而经过一番激战,姑娘们以 7 比 3 战胜美国队。

值得一提的是,在另外 3 场比赛中,中国哈尔滨队出人意料地以 10 比 2 战胜传统强敌加拿大,东道主伊春也 10 比 5 击败日本队,迎来首胜。韩国队则早早奠定胜势,以 11 比 4 战胜土耳其。

自2011年起,著名的"林都"伊春市已连续举办了3届世界六强国际女子冰壶赛事,而本届国际冰壶赛更具有诸多亮点。一是,成为中国申办冬奥进程中具有世界影响的国际化对接赛事和标志性赛事,增加了申办冬奥的国际话语权及国际奥委会评定的国际砝码。二是,本届国际冰壶赛正值《国务院关于加快发展体育产业促进体育消费的若干意见》出台后,伊春以冰雪运动为国家体育事业大发展作出重要贡献,并以赛事为依托与支点,全面促进其他产业融合发展。

2014年,对于中国体育,尤其是冬季项目来说是一个可以被载入史册的不平凡的一年。全新一届伊春国际冰壶赛的举办,有利于伊春"冰壶之乡"的世界声誉,有利于林都冬季旅游的推广。冰壶运动将在可见的新一届奥运周期内成为世界关注的冬奥运动项目,并引领其他冬奥项目推进中国冰雪运动的"春天"。

(东方网2015年1月16日)

训练提示:第四届伊春国际女子冰壶赛揭幕,中国队首战告捷,这是一则典型的态度鲜明的体育新闻。首战告捷说明中国队在这一赛事中有着一定的优势,全文保持赞扬的态度,语气轻快、节奏鲜明,新闻不但推广了此项赛事,还让受众对中国冰壶的历史与发展有了一定的了解。

稿件三

体育官员:速度滑冰新人成长快 冬奥有望新突破

解说:1月10日,2014/2015国际滑联速度滑冰青年世界杯亚洲区比赛在长春拉开战幕。赛事举行期间,中国滑冰协会主席、国家体育总局冬季运动管理中心党委书记任洪国在接受中新社记者采访时表示,近两年,中国速度滑冰年轻运动员成长迅速,在国际赛事上已经崭露头角,有望在平昌冬奥会上取得好成绩,拿到更多金牌。

2014年索契冬奥会上,中国运动员张虹获得女子1 000米速度滑冰金牌,成为中国代表团在冬奥会历史上获得的第一枚速滑金牌。

任洪国说,张虹获得冠军,对中国速滑是一种推动。

（同期声）国家体育总局冬季运动管理中心党委书记任洪国：一些选手包括于静（世锦赛冠军），特别是刚刚新起的一个新星——吉林运动员李奇时，在国际比赛中1 000米获得了冠军，而且成绩也非常好。应该说中国的速度滑冰，近两年应该后继有一些小运动员在蓬勃发展。

解说：自中国在冬奥会上获得速度滑冰首金后，中国速滑选手的身影也不断出现在各项国际赛事的颁奖台上。

最近成绩提高很快的李奇时就是年轻运动员的一个代表。在当天进行的速度滑冰女子1 000米比赛中，李奇时仅比冬奥会冠军张虹慢了0.2秒，屈居亚军。

（同期声）中国速度滑冰运动员李奇时：我觉得冬奥会当然是站的领奖台更高，肯定会更好，我带着我的目标去吧，毕竟还有那么长的时间，也不好说，但是带着梦想，我去努力。

解说：目前在速度滑冰项目上，欧洲力量一直不容小觑。索契冬奥会上，来自欧洲的荷兰队拿下了12块金牌中的8块。

任洪国认为，相比速滑历史悠久的欧洲国家，中国选手还要在训练上不断加强，争取获得突破，囊括更多奥运金牌。

（同期声）国家体育总局冬季运动管理中心党委书记任洪国：应该拿更多的金牌，这是我们对速度滑冰项目一个目标，因为速度滑冰是个大项，金牌数比较多，一旦有突破就不是一块，甚至更多的金牌，那需要他们好好练，我们也要好好抓。

（央广网2015年1月10日）

训练提示："新人成长快，有望新突破"的标题一目了然，播音时首先把握整体的基调，既然进步快，有新突破，那么语势就应该以积极、明快为主。

另外，本文利用解说与同期声混合的方式，即采用理性分析与感性阐述相结合的方式播报新闻。因此，播音员应注意与同期声结合得尽量自然，同时又要与现场的气氛有所区别，要更加理性、清晰。

稿件四

拜仁 7-1 罗马技术统计：射门 22 对 12 拜仁传控完胜

北京时间 10 月 22 日 2 时 45 分（意大利当地时间 21 日 20 时 45 分），欧冠小组赛 E 组开始第 3 轮较量，拜仁客场 7 比 1 狂胜罗马，罗本梅开二度，穆勒和莱万多夫斯基均 1 传 1 射，格策也打进 1 球，拜仁与同时开球的顿涅茨克矿工成为冠军联赛历史上前两支上半时客场进球超过 4 个的球队。下半时，热尔维尼奥攻入安慰球并打中门柱，终结拜仁正式比赛连续 813 分钟不失球。罗本助攻替补出场的里贝里破门并中柱，另一位替补沙奇里锦上添花。

（新浪体育 2014 年 10 月 22 日）

训练提示：本则新闻主要描述比赛过程，播报风格应是积极的。同时也应注意，7 比 1 是较大悬殊的比分，应该在播读中播出相应气势。

稿件五

巨星 PK！苏神解禁贝尔伤停 梅西 C 罗再演双雄会

皇马与巴萨的对决是西班牙足球的金字招牌，尤其是 C 罗在 2009 年加盟银河战舰之后，西班牙国家德比已经成了足球赛事的一面旗帜。不过如今的国家德比不再是 C 罗和梅西双雄会的舞台，贝尔、内马尔、J 罗、苏亚雷斯等绝对巨星也有望成为各自俱乐部所在的城市英雄。上赛季让皇马引以为傲的"BBC"三叉戟横空出世，而如今巴萨则拥有了新的锋线组合"MSN"。本赛季联赛首回合国家德比，除了最终的结果之外，皇马和巴萨的巨星们的发挥也备受瞩目。

国家德比双雄会第 6 季　梅西 C 罗如日中天

内马尔、贝尔、苏亚雷斯等巨星纷纷成为国家德比舞台上的明星，但 C 罗和梅西的地位依然不可撼动。葡萄牙射手和阿根廷前锋两人的发挥将直接决定皇马和巴萨的成绩。如今 C 罗和梅西的状态如日中天。CR7 在联赛前 8 轮共打进 15 球，出战的 7 场比赛全部斩获进球，已经创造了西甲 71 年来个人最佳开局进球纪录。另外在21场国家德比中打进13球,目前位列国家德比历史射手榜第7位,现役球员中仅次于梅西。

而梅西的联赛进球数虽然不如C罗,但小跳蚤本赛季已经在13场比赛中(含国家队)奉献了11个进球和11次助攻,成为五大联赛第一位拿到"两双"的球员。能传能射的梅西几乎凭借自己的一己之力保证了巴萨锋线的火力。而过去跳蚤参加的28场国家德比,共打进21粒进球。在伯纳乌,梅西共打进12球,面对皇马的主场优势,梅西总是能把压力变作动力。此番交手,梅西除了要率队努力击败皇马之外,还要尽力打破萨拉的西甲联赛251粒进球的历史纪录。

皇马巴萨二当家一喜一忧 贝尔高挂免战牌内马尔在偷笑

贝尔和内马尔均在上个赛季登陆西班牙足坛,在国家德比中,贝尔可谓尝尽了酸甜苦辣。上赛季联赛首回合,威尔士人被安排踢中锋,结果形同梦游,赛后被冠以水货的骂名。不过在国王杯决赛中,贝尔一记长途奔袭单击闯关破门绝杀巴萨,为皇马带来了冠军奖杯。但如今贝尔的状态并不在最佳,7轮西甲比赛仅打进4球,代表皇马出战的12场比赛,打进5球,奉献5次助攻,表现中规中矩。而贝尔如今因为伤病铁定无缘联赛首回合国家德比,这对于皇马来说是个巨大的损失。

内马尔如今进球数远超贝尔,巴西新皇在出战的10场正式比赛中打进10球,场均进球数为1球。在联赛中,内马尔出战7次打进8球,是巴萨队内联赛最佳射手,比梅西还要多1球。状态极好的内马尔甚至在对阵日本的热身赛中上演了"大四喜",但巴西新皇助攻数据上最大的瑕疵就是本赛季到目前为止仅仅贡献1次助攻。而在国家德比中,内马尔从不软脚,上赛季联赛首回合对阵皇马就为巴萨破门得分,次回合不仅开场助攻伊涅斯塔破门,随后又制造点球+红牌,彻底扭转了战局。而在国王杯决赛中,巴西新皇险些制造压哨绝杀,但可惜皮球最终打在立柱上。

国家德比新兵亮相 J罗为自己代言苏神终解禁

巴萨和皇马两位新援在加盟之后都承担着不小的压力,J罗初到皇马虽然在西超杯首回合对阵马竞的比赛中打进1球,但是哥伦比亚人还是没有征服伯纳乌的球迷。但 J 罗如今和队友的配合越发成熟，安切洛蒂也找到了激活 J 罗的钥匙。上轮联赛，哥伦比亚人中场传射建功，帮助皇马 5 比 0 横扫莱万特。虽然 8 轮联赛仅打进 2 球，助攻 2 次，但是 J 罗在皇马进攻端的作用越来越重要。

对于巴萨球迷来说，苏亚雷斯本场比赛终于解禁复出，这的确是一份不小的礼物，"MSN"锋线组合在伯纳乌的发挥值得关注。虽然已经近 4 个月没有参加正式比赛，但是苏亚雷斯一直在努力保持状态，从最初的寻找私教独自训练，再到 FIFA 网开一面可以参加队内训练课，乌拉圭人积极且勤奋的态度值得肯定。在代表乌拉圭队参加的热身赛中，对阵阿曼，苏神梅开二度，展示出了自身良好的状态。不过乌拉圭射手能否适应巴萨的战术体系还是个未知数，毕竟热身赛、训练和参加正式比赛是不同的概念。

（央广网 2014 年 10 月 24 日）

训练提示：这是一则关于足球明星比赛的新闻。播报时应积极有力、满怀信心。在背景的播读中，应该在停连重音中将背景讲清楚，因为受众并不全都是球迷，就算是球迷也不一定对背景了解得如此详细。

稿件六

曝尤文欲购迪亚曼蒂 中超失意人仍是意甲香饽饽

据意大利媒体《全市场》报道称，意甲球队尤文图斯的主帅阿莱格里已经将球队中场引援的目标放在了目前效力于广州恒大的迪亚曼蒂身上。

从今年 2 月份以 690 万欧元从博洛尼亚转会到广州恒大之后，关于迪亚曼蒂要重新回到意甲赛场上的传闻就一刻没有停下来。除了有他自身可能想离开的因素外，不少中国人对其不满意也是一方面。球员和俱乐部之间的选择往往是双向的，暂且不论迪亚曼蒂是否内心真的想重新回到自己的祖国踢球，至少在不少中国球迷和部分恒大高层看来，引进迪亚曼蒂的交易不能算是成功的。因为球队今年在亚冠赛场上早早地就被淘汰出局，而去年的恒大则是贵为冠军，显然意大利人并没有很好地弥补孔卡离开后的空缺。

最近，媒体一直在炒作尤文图斯准备收购拜仁慕尼黑的瑞士球星沙奇里以及效力于土超加拉塔萨雷的荷兰大将斯内德。但如今，《全市场》称阿莱格里的目标绝非只有这两人，迪亚曼蒂也在其考虑范围内。需要指出的是，其实迪亚曼蒂在转会恒大之前就有消息称他有可能前往尤文图斯踢球，但是一直未能成行。对于年龄不算大的迪亚曼蒂来说，从中超回到意甲，似乎也是不可避免的事情，所以这一次，他转会到斑马军团并非不可能。

今年夏天，意大利媒体曾声称，拉齐奥主帅，也是迪亚曼蒂在博洛尼亚时期的主帅，非常希望引进这位昔日爱将，但这件事情最终不了了之。不过可以肯定的是，在现在的意甲俱乐部中，关注迪亚曼蒂的球队还是不少的。

（网易体育 2014 年 12 月 31 日）

训练提示：这是一则关于球员去向的体育新闻。播报时，要如实且有悬念，应该介绍清楚中超的基本情况和意甲联赛的巨大差距，以及意甲联赛在中国球迷心目中的特殊情结。

稿件七

恒大第二个"五年计划"：与国际接轨冲世界前 20 名

据恒大官网消息，俱乐部自 2010 年成立以来，仅用四年时间就提前完成了建队之初设立的第一个"五年计划"——夺取亚冠、称雄亚洲，成功问鼎亚冠冠军，并荣获亚洲俱乐部最高荣誉"亚足联最佳俱乐部奖"，排名位居亚洲俱乐部第一。

2015 年，俱乐部进入第二个"五年计划"——国际接轨、世界一流。"国际接轨"是指未来 5 年将在发展战略、运营理念、经营管理、教练团队、外援水准、青训体系、足校建设、后勤保障等各个方面全方位升级，与世界顶尖俱乐部全面接轨；"世界一流"是指成功完成"夺取亚冠、称雄亚洲"计划后，俱乐部未来 5 年要跻身世界一流俱乐部前 20 名。

在第一个"五年计划"中，俱乐部千万级引援孔卡的表现至今仍为广大球迷津津乐道。2014 年 6 月 5 日，恒大集团与阿里巴巴集团召开战略合作发布会，正式宣布：阿里巴巴作为俱乐部首批战略投资者以12亿元增资入股，增资后持俱乐部50%股权。此次重磅合作也意味着俱乐部在完成首个"五年计划"后将向广大球迷徐徐展开第二个"五年计划"的宏伟蓝图。在打造"三最"俱乐部目标指引下，俱乐部秉承"要做就做最好"的原则，在球队成功卫冕中超四连冠、谱写中国足球新篇章后，2015年球队在新赛季将力争中超五连冠、继续冲击亚冠冠军，用冠军为俱乐部第二个"五年计划"定下基调。

在第二个"五年计划"的开局之年，俱乐部高度重视球队的外援升级工作。在2014年赛季结束后，对首个"五年计划"实施的成功经验及失败教训等情况进行了全面梳理和总结，与里皮教练团队形成一致意见：2015年要实现球队的赛季目标必须引进两名强援，升级构建"千万欧元级别攻击群"。由此，俱乐部启用了一直以来运转良好的一整套"长期数据判断、历史经验分析、国际视野评估、专业团队执行"的严格引援机制，在年龄、履历、能力等方面制定了非常详细的标准。1月13日上午，俱乐部官方宣布以1 500万欧元引进巴西现役国脚高拉特。高拉特的引进震动了整个亚洲足坛，再次引起世界足坛的高度关注。这也正式宣告俱乐部已步入"国际引援新时期"。作为近两个赛季奥超联赛冉冉升起、最炙手可热的一颗新星，阿兰得到了来自欧洲德甲、法甲、意甲、英超等豪门球队的青睐和报价。相信不久的将来，这位巴西潜力新星将成长为一颗耀眼璀璨的世界级足坛巨星。我们认为，阿兰正是恒大在"国际引援新时期"一直寻找的正值快速上升期、拥有无限发展潜力的未来世界巨星外援。如果说孔卡是俱乐部首个"五年计划"中的千万美元级别外援的巅峰之作，高拉特是俱乐部第二个"五年计划"进入"国际引援新时期"的千万欧元级别外援的扛鼎之作，那么阿兰就是俱乐部在"国际接轨、世界一流"外援升级新时期构建千万欧元级别攻击群的得意之作。

（央广网2015年1月17日）

训练提示：长期以来，中国足球处于世界较低水平，国家队成绩的不如意，让中国球迷转而将关注投向国内的俱乐部球队。俱乐部球队取得较好成绩，也让国人兴奋。所以，播报此则消息时应满怀信心、充满期望。

稿件八

北京19分痛宰吉林夺赛点 京粤双赢共盼相约四强

CBA季后赛首轮对决激情燃烧。2月8日晚,广东112比89大胜东莞,成功摆脱首回合被绝杀的压抑感,进而将大比分改写为1比1。回到主场作战的北京队111比92战胜吉林队,总比分2比0,北京队如再胜一场,就将拿到四强入场券。

广东德比的第二场,面对小兄弟东莞男篮,主场作战的广东队在第一节末打出8比0进攻高潮,领先对手13分,早早建立赢球优势。此后,分差一直没能缩小,双方最大分差甚至多达35分。尽管第二节东莞打出一波14比0,但当时60比38的比分还是让广东队高枕无忧。最终,广东队轻松收获大胜。

另一场比赛,带着客场胜利,重新回到五棵松的北京队状态出色,主场111比92战胜吉林队,总比分2比0领先。此役,李根贡献25分8篮板6助攻,马布里收获17分5助攻4抢断,莫里斯得到全队最高的31分10篮板。如果北京队和广东队双双晋级的话,他们将在四强相遇。

就在CBA季后赛如火如荼之际,中国篮协开出季后赛阶段首张罚单:对辽宁主帅郭士强通报批评,停赛两场。在CBA季后赛首轮辽宁客场战胜广厦的比赛中,辽宁主帅郭士强连吃两个技术犯规被驱逐出场,但他拒绝退场并且找裁判理论,导致比赛中断5分钟,篮协依据《中国男子篮球职业联赛纪律处罚规定》和《全国篮球竞赛处罚规定》对其进行处罚。

2月9日19点35分,辽宁与广厦的季后赛第二场将在本溪体育馆开战。尽管郭士强不能在场内指挥,但全队都希望哈德森反弹,同时打出高强度防守,争取夺得赛点。而郭士强受到篮协停赛两场处罚,究竟对球队有多大影响,目前来看仍是未知数。对广厦来说,林志杰要找回手感,霍尔曼要保持侵略性,全队要在关键时刻更加稳重成熟,广厦才能在李春江的带领下扳平大比分。

(央广网2015年2月9日)

训练提示:在播报赛事时,播音员、主持人的语速要有所控制,将比赛情景如实再现,注意数字的准确性。在预告未来赛事时,要有期待感。

稿件九

哈里·凯恩变英超头号神锋 下一目标瞄准国家队

仅仅在两三个月以前,英超球迷还在为阿圭罗、科斯塔和桑切斯谁是"赛季最佳前锋"的问题争吵不休,但现在,已经有一名英格兰本土新星从舞台的暗处脱颖而出,跻身聚光灯下。

或许三个月后,人们就会发现,这个名叫哈里·凯恩的小伙子将是本赛季英超的最大发现,甚至有可能是英格兰国家队未来十年的栋梁之才。通过力斩切尔西和阿森纳的表现,凯恩已经开始在英超蹿红,"新希勒"的惊呼声响彻伦敦上空。

据说,弗洛伦蒂诺已经开始盯上这名贝尔的小师弟,这本身或许就是一种最大的肯定。

不是王子哈里,也不是哈利波特,而是哈里·凯恩(Harry Kane),这个名字与"飓风"(hurricane)谐音的热刺少年,正成为伦敦球迷餐桌上的话题人物,正掀起一股哈里飓风。

在上周六热刺主场对阿森纳一役的下半场,凯恩梅开二度,帮助球队2比1逆转比赛。

由于赛前凯恩已经成为本赛季首位在各项赛事打进20球的英超球员,以一己之力抢下13个联赛积分,本场再次为球队带来3分后,凯恩抢下的联赛积分已经增至16分,在此项统计上超越了队友埃里克森(15分),成为英超抢分王。

虽然还未入选英格兰队,但被凯恩征服了的阿森纳主帅温格认为,"像凯恩这样进了这么多球的本土球员,如果你都不把他招进国家队的话,会有人立刻递给他一本(外国)护照,邀请他前去效力的"。凯恩可选择效力英格兰或爱尔兰。

据悉,3月27日英格兰对阵立陶宛一役,霍奇森会将他召入,毕竟2015年以来,五大联赛中只有梅西的进球跟他一样多。

遇伯乐

波切蒂诺慧眼识珠

虽然7岁那年在阿森纳U8儿童队训练,但当时的小凯恩并未展现出过人天赋,仅仅一年后就被扫地出门也不能完全说是阿森纳不识宝,枪手球迷如今的各种哀叹纯属自作多情。

即便是11岁加盟热刺青训营之后,直到本赛季之前,凯恩的球员生涯都可说得上是颠沛流离。

在被租借到莱顿东方、米尔沃尔、诺维奇和莱切斯特这些低级别球队或英超弱旅时期,凯恩的表现也只能算是中规中矩,进球从未达到两位数。

本赛季的突然崛起,很大程度上应该归功于热刺主帅波切蒂诺刮起的"青春风暴",这名直到20岁才获得英超处子秀的飓风少年,跟福勒、欧文和鲁尼这些天才相比,无疑算是大器晚成。

是波切蒂诺慧眼识珠,发现自己战术要求中的锋霸标准,高位逼抢和高强度身体对抗,这个看上去有些单薄的凯恩竟然早已驾轻就熟。凯恩自己在谈到这些的时候透露,是低级别联赛的经验帮助了他:"那些后卫不会有任何怜悯。你没法真正认识到这一点,除非你在很年轻的时候就经历过如此强硬的足球风格。"

天天在低级别联赛与那些有着橄榄球运动员一样身板的后卫对抗,让凯恩早早地就具备了阿兰·希勒似的抗压能力:强硬、机敏、射术全面。就像在击败切尔西和阿森纳的比赛中展示的那样,远射、头球、禁区内抢点的嗅觉,还有回防拼抢的充沛体能以及有条理地分配体能的能力。当然,热刺的球迷更喜欢将凯恩比作本队传奇球星莱因克尔,两人都有着不屈的斗志、精湛的技术和完美的得分能力。

如今,在莫德里奇和贝尔的转会中尝到甜头的皇马主席弗洛伦蒂诺,又打算将"黑手"伸向热刺,但也有专家表示,如果太早加盟皇马这样的豪门,凯恩难免会遭遇"伤仲永"这样的悲剧。

现象级

成名锋将都被他甩在身后

凯恩可以打中场的任何一个位置,也可以打前锋,目前仍是英格兰U22国青队中主力。

2009-2010赛季,凯恩为热刺U18出场22次打进18球,效率惊人。但直到第二年他才收获人生的第一份职业合同,而那时的他,也许自己都想不到会成为热刺的头号射手。

也许他更想不到的是,自己会在两场伦敦德比战中,成为场上绝对的主角——赠穆里尼奥难堪的惨败、打脸教授温格。这对于伦敦球员来说,意义非凡。

这个赛季,凯恩凭借出色的表现,正式坐稳了热刺锋线的头把交椅,而排在他身后的则是球队花大价钱的重磅引援——"小魔兽"阿德巴约和索尔达多。

本赛季至今为止,凯恩已经在各项赛事攻入令人咋舌的22个进球,这一数据在英超前锋中排名第一,高过阿圭罗的19球、桑切斯的18球以及迭戈·科斯塔的17球(科斯塔的17球全部是在英超中打进)。在英超射手榜上,打进12球的凯恩也已经追平了桑切斯,并列第四。

考虑到对阵切尔西和阿森纳分别梅开二度就占了4球,加上各种绝杀、关键球,凯恩已然是整个英伦最重要的"关键先生"之一。

下一站

"三狮军团"最需要的中锋

本赛季英超盛行"大腿说",阿森纳抱桑切斯的大腿一路前行,切尔西有科斯塔,热刺此前也屡屡依靠埃里克森单骑救主。

如今凯恩的崛起,令他当选国脚的呼声骤然响起,更有评论认为,在沃尔科特伤病不断、维尔贝克和鲁尼相对低迷的情况下,凯恩的加入能解决国家队锋无力的问题。

凯恩的特点大抵可以用"全能"两个字形容。他具有良好的门前嗅觉,脚法头球能力均衡,禁区外射门能力突出。另外难能可贵的是,他充沛的体力不仅能够帮助球队攻城拔寨,更能在防守上帮助球队。

另外，能够胜任中场的他也有良好的做球和参与组织进攻的能力。183厘米高的他虽然体重只有65公斤，但是力量看起来并不是他的短板。

对于他如今能否为英格兰队效力，英超的主帅显然分成了两派：一边是以温格为代表的，认为不选凯恩入队完全就是傻瓜行为；另一边则认为不可拔苗助长，毁了这名"未来的巨星"。

有不少英超专家认为，现在就让凯恩加盟国家队为时尚早，因为国家队的压力和体能消耗或许会影响他的精力和成长节奏，莱切斯特主帅皮尔森就认为英格兰球迷不应该太过心急。"他已经进入强力上升期，人们期待他为国家队效力对他是一种肯定，但仍为时尚早。"

（央广网2015年2月10日）

训练提示：本则新闻的难度不大，但篇幅较长，播报前要理清思路。同时，此则新闻是对哈利·凯恩事迹的描述，播报时应具有讲述感；在转述话语时，应该有人物感。

思考与练习：

1. 如何处理体育新闻中出现的专有名词？
2. 网络体育解说有哪些特点？请结合事例说明。
3. 一名优秀的体育新闻记者和体育新闻播音员有何异同？
4. 体育新闻评论和其他评论有何异同？
5. 如何处理体育新闻播音中的长句子？

第五章 文化娱乐新闻播音

教学目标：了解文化娱乐新闻概念和分类，掌握娱乐新闻播音的专业技巧。
教学重点：文化新闻、娱乐新闻的概念及其播音时的区别。
教学难点：文化娱乐新闻播音的要求和要领。
课时分配：8 课时。

第一节 理论概述

大众传播媒介的首要功能是传递信息，这里的信息主要是指时事、政治、经济等政治性或政策性的消息。这些信息是信息的主流，但并不是信息的全部。受众在接收时事、政策类信息后，还会有另外一种渴求——精神上的放松与愉悦，而这正是文化娱乐新闻带给我们的感受。相对于其他新闻，文化娱乐新闻带给人们更多的是轻松与快乐。它丰富了百姓生活，成为大众喜爱的一道精神佳品。

文化娱乐新闻实际上包含了两个概念：一个是文化新闻，另一个是娱乐新闻。

一、文化新闻

文化新闻是对新近发生的文化领域内相关事实的报道,是以文化工作和文化生活为主体的新闻。它包含了各种文化信息和文化动态,如人们关注的各种文艺演出、艺术展览、艺术比赛以及群众文化活动等。

1. 文艺演出

文艺是人们对生活的提炼、升华和表达。人类社会通过对文艺的传承和发扬,不断提升文明的高度。文艺演出是一种较为常见的艺术表现形式,深受人们喜爱。它集多种演出形式于一身,具有艺术性、娱乐性、教育性等特点,是一种雅俗共赏的舞台艺术表现形式。常见的文艺演出有文艺晚会、庆典、文艺汇演等。

2. 艺术展览

艺术展览指公开陈列艺术作品、摄影作品等,供大家参观欣赏,给参观者一种美的享受。常见的艺术展览有画展、服装展、工艺品展等。

3. 艺术比赛

以不同的艺术形式,如歌唱、舞蹈、绘画、雕塑等,在特定的规则之中,让参赛者在智力、体能、技术、技能等方面进行较量,最终依照规则评定出胜负或者排名。这种比赛极具观赏性、趣味性,比赛的主要目的是通过竞争促进艺术事业的发展。如中央电视台《青年歌手电视大奖赛》、湖南电视台《快乐男声》等。

4. 群众文化活动

群众文化活动是指人们除自身职业外,自我参与、自我娱乐、自我开发的社会性文化活动。它是以人民群众活动为主体,以自娱自教为主导,以满足自身精神生活需要为目的,以文化娱乐活动为主要内容的社会现象。

二、娱乐新闻

娱乐新闻是现代人出于对休闲、娱乐的需求而产生的消费性信息产品,包括对演艺明星的关注,对各界名人工作生活动态的关注等。娱乐新闻属于软性新闻,因为它缺乏政治色彩和严肃性,同时由于大量挖掘名人隐私而充满娱乐性。

由于当今大多数媒体都习惯性地将娱乐新闻纳入文化范畴,再加上娱乐与文化难解难分的关系,所以大家常常将它们合称为文化娱乐新闻。

三、文化新闻与娱乐新闻的异同

文化新闻与娱乐新闻的区别主要表现在以下几个方面:

从播报内容上看,文化新闻侧重对文学、美术、严肃音乐、戏剧、传统文化等领域的报道;而娱乐新闻侧重对新近影视剧、流行音乐、娱乐明星的报道。文化新闻更多关注精英文化、高雅文化;娱乐新闻已经从传统文化新闻中脱离出来,集中于娱乐业和娱乐圈报道,在文化身份上更突出大众化、通俗化的特点。

从播报目的和效果上看,文化新闻侧重于宣传文化事业,满足人民群众日益增长的文化消费与欣赏需要,提高人民群众的文艺欣赏能力和综合文艺素质;而娱乐新闻侧重于满足人民群众日益增长的娱乐消费需求,丰富人民群众的生活,给受众带来愉悦、放松的心情,满足其对娱乐作品的关注和娱乐明星的好奇。

从播报的表现形式上看,文化新闻强调文化性、新闻性和高雅性,加入艺术知识元素,具有明显的宣传色彩;而娱乐新闻注重故事性和情节性,适度加入人情味因素,强化事件的戏剧悬念或煽情、刺激等方面。

从对播音员的要求来看,文化新闻和娱乐新闻对于播音员要求都非常高,但侧重点不同:文化新闻要求播音员有较高的政治素质和艺术素养;娱乐新闻要求播音员有较高的新闻敏感和良好的职业精神。

从新闻品质来看,文化新闻表现出文明、高雅的品质,而娱乐新闻则表现出消遣、通俗的品质。娱乐新闻与文化新闻的分类并非机械的划分。娱乐新闻与文化新闻同属人的精神需求范畴,有着密不可分的关系。有些娱乐新闻带有文化新闻的品质,而有的文化新闻又带有娱乐新闻的品质。

四、文化娱乐新闻播音的要求和要领

文化娱乐新闻的播报在语言表达上遵循播音主持的创作规律,但较其他类型的新闻在处理方式上略有区别。播报时,节奏更明快,语势幅度更大,基调更轻松,播报更具个性化。

第二节 示例分析

示例一

文化体制改革 贴市场 出精品 影视剧赢得好口碑

从 2003 年我国全面推进电影产业化以来,国产电影年产量从不到 100 部达到了 2012 年的 754 部,平均每天有超过两部电影产生。年票房更是从不足 10 亿元增至 2012 年的 170 多亿,增长速度全球第一。

随着电影《泰囧》在 2012 年贺岁档创下 12.66 亿元的票房,成为中国电影史上最卖座的国产影片后,电影《致我们终将逝去的青春》票房也突破了 7 亿,另一部正在上映的国产影片《中国合伙人》票房也已超过 5 亿,这些国产电影作品得到了观众的好评。

而取得这些不俗业绩的却是一家成立仅 7 年的民营企业——光线传媒股份有限公司。7 年间,光线传媒参与制作发行的电影达 50 部,总票房超过了 45 亿。为了了解观众最真实的观影需求,光线更是创新性地在全国建立了一个覆盖 70 个城市驻地的发行网。

北京华录百纳影视有限公司制作的电视剧总能引领当年的收视风尚,从古装剧《汉武大帝》到家庭轻喜剧《媳妇的美好时代》,从谍战剧《黎明之前》到抗日剧《永不磨灭的番号》,公司累计得到的奖项达到 286 项。同时,公司制作的电视剧已经有近 30 部 900 余集出口到亚太、欧洲等几十个国家和地区,特别是《媳妇的美好时代》在非洲六个国家播出,掀起一股中国文化风。

10年来,电视剧产量从2003年的1万集提高到2012年的3万集,居世界第一。电影票房居世界第二,从2003年的11亿元增长到2012年的170.73亿元。

(中央电视台《新闻联播》2013年6月16日)

示例分析:(1)划分层次:全文共5个自然段,可划分为四个层次。第一层为第1自然段,第二层为第2、3自然段,第三层为第4自然段,第四层为第5自然段。

(2)概括主题:通过文化体制改革,国产影视剧在保证出精品的前提下,生产质量与生产速度日益提升,颇受国内外受众好评。

(3)联系背景:党的十六大以来,特别是"十一五"期间根据中央的统一部署和要求,各地各部门深入贯彻落实科学发展观,加大力度、加快进度,深化文化体制改革,文化事业、文化产业空前繁荣,硕果累累,亮点频频,开创了中国特色社会主义文化建设的新局面。

(4)明确目的:继续落实文化体制改革,推出更多优秀的文化作品,促进经济发展,提升中国文化国际影响力。

(5)分清主次:本文的重点是第一段导语与最后一段结尾部分,明确了我国电影、电视剧的经济影响力。

(6)确定基调:明快、积极、向上。

示例二

《中国汉字听写大会》首播受捧

我台科教频道暑期特别节目《中国汉字听写大会》上周五首播,得到了观众热捧,收视排名较前一周同一时段节目上升21位,今晚8点30分将播出第二场复赛。

这是今晚将要播出的《中国汉字听写大会》第二场复赛现场,以省为单位组成的4个代表队正在激烈对决,每个代表队5名选手每人只要写错1个字就会被淘汰下场,坚持到最后的选手就可以带领本队晋级下一场比赛。比赛现场没有歌舞比拼,也没有才艺展示,就是一横一竖一撇一捺的几个汉字,不仅让现场的亲友团为小选手们从始至终捏着汗,在场的800多名观众也一直处在紧张、激动的气氛中。

《中国汉字听写大会》,我台科教频道历时三年完成创意,每期时长1小时以上,计划播出12场比赛。在8月2日第一期节目播出后,汉字听写大会在百度的搜索结果达到425 000个,微博话题超越多档娱乐选秀电视节目,迅速登顶热门榜,点击率高达18万余次,网友参与话题、留言、转发共计27 000余条。

在这个大多数人提笔忘字的时代,一场类似小学生汉字听写课的比赛能引起观众的巨大反响。专家分析,这个节目最大的力量就是不仅把中国人跟汉字的亲近感激发了出来,还起到了正音、正字的作用。

《中国汉字听写大会》第二场复赛将于今晚8点30分在科教频道播出。

(中央电视台《新闻联播》2013年8月9日)

示例分析:(1)划分层次:全文共5个自然段,可划分为三个层次。第一层为第1、2自然段,第二层为第3、4自然段,第三层为第5自然段。

(2)概括主题:《中国汉字听写大会》自开播以来,引起了受众的巨大反响。

(3)联系背景:据主办方中央电视台科教频道总监金越介绍,这个节目电视形态研究和论证进行了两年,全台上下非常重视,科教频道为此进行了长达一年的制作准备。金越说:"这不是一个浮躁、奢华的秀场,呈现出来的状态可能非常单纯、简朴,但却可以吸引最广大的观众在电视机前同步参与,在充满紧张感的游戏中学习知识、领略汉字之美。"

(4)明确目的:引领广大受众重视汉字文化,传承汉字精髓,领略汉字之美。正如活动宣传语所言:书写的文明传递,民族的未雨绸缪。

(5)分清主次:稿件的主要部分是前两个自然段,交代了《中国汉字听写大会》受捧的同时还还原了节目现场。

(6)确定基调:大气、肯定、热情。

示例三

节俭办晚会

简约不简单,精练更精彩。上海、南京等地大幅减少晚会和节庆演出数量、压缩规模,提高草根演员和普通百姓的参与度,让文化惠民迈上一个新台阶。

自中央出台"八项规定"以及中宣部等五部门下发关于节俭办晚会的通知后,上海对文艺晚会和节庆演出进一步实施总量控制,给晚会和节庆演出"瘦身",大幅度减少晚会和节庆演出数量,对"可办可不办"的晚会一律取消。据不完全统计,今年上海各类晚会和节庆演出举办的数量下降近50%;以创新演出形式和依托高科技的方式厉行勤俭节约,通过可重复利用的电脑高科技投影,继续降低大型晚会的物耗和演员成本;大幅度增加本地演员、新人的出场频率和比例,减少了费用,为本土青年文艺人才脱颖而出创造了更广阔的平台。

为了培育和打造一批群众文化品牌,上海首届市民文化节今年年初开始启动,跨度长达一年,老百姓自我表现、自我教育、自我服务,实现了基层社区、楼宇、商圈、企业、学校等的"天天演"和"周周演",既形式活泼,又勤俭节约,参加活动的市民近百万人次。

第二届亚洲青年运动会昨晚在南京奥体中心体育馆开幕,演职人员不足千人,演出时长也只有短短90分钟,让人耳目一新的节目内容却让现场高潮迭起。明星大腕的表演被青少年喜爱的Cosplay表演、街舞、跑酷等流行元素所取代,来自45个亚洲国家和地区的两千多名青少年运动员尽情享受属于他们自己的嘉年华。这样一个简约精练的开幕式,预算还不到国内同类赛事的十分之一。

"小鬼当家"是本届亚青会的一大特色。不仅吉祥物、火炬、会徽等都由青少年主创设计。主办方还根据青少年的习惯和建议,采取了网络火炬与传统火炬虚实结合的传递方式,参与传递超过3 300万人次,既扩大了赛事影响,又降低了资源消耗。主办方表示将在各个环节精打细算,力争使预算再压缩三分之一。

(中央电视台《新闻联播》2013年8月17日)

示例分析:(1)划分层次:全文共5个自然段,可划分为三个层次。第一层为第1自然段,第二层为第2、3自然段,第三层为第4、5自然段。

(2)概括主题:自中央出台"八项规定"以及中宣部等五部门下发关于节俭办晚会的通知后,上海、南京等地大幅减少晚会和节庆演出数量、压缩规模,提高草根演员和普通百姓的参与度,让文化惠民迈上一个新台阶。

(3)联系背景:中共中央政治局2012年12月4日召开会议,会议一致同意关于改进工作作风、密切联系群众的八项规定。2013年6月18日在北京召开中国共产党的群众路线教育实践活动工作会议。习近平在会议上强调,这次教育实践活动的主要任务聚焦到作风建设上,集中解决形式主义、官僚主义、享乐主义和奢靡之风这"四风"问题。随后,中宣部、财政部、文化部、审计署、国家新闻出版广电总局联合发出通知,要求制止豪华铺张、提倡节俭办晚会。

(4)明确目的:贯彻中央号召,提倡节俭办晚会。

(5)分清主次:第一自然段为主要部分,起到概括作用,剩下四个自然段为具体展开叙述。

(6)确定基调:坚定、明快、庄重。

示例四

《中国好声音》全面拉开导师考核序幕

8月16日晚,《中国好声音》全面拉开导师考核的序幕,那英战队率先接受观众检验。当晚,七组学员两两捉对厮杀,张目、毅光年组合、萱萱、朱克、侯磊、田园、姚贝娜通过考核。声音沧桑为女儿而唱的阚立文引发了汪峰和张惠妹的抢人大战,权利逆转后他选择加入阿妹战队。而当晚最受期待的姚贝娜和林育群之争也颇具看点,姚贝娜开场飙泪音准出错,不过仍通过了那英的考核,林育群也如愿被阿妹抢人成功。

同样是为了女儿而唱的单身父亲,阚立文和朱克共同诠释了一首李宗盛的《我是真的爱你》。两位中年大叔的正面对垒,让现场观众听得如痴如醉,阚立文用丰富的阅历唱出了沧桑感,朱克则深情地唱出内心的炽热。导师那英更毫不掩饰对两人的赞美："我最爱的就是这样的男人,不爱多讲话。"张惠妹更直接向两人抛出了橄榄枝,直言不管那英选择了谁,她都愿意和另一个人继续合作。

歌唱完毕后,那英在抉择面前为难至哽咽,更一度泣不成声、语无伦次,最后不得不向同为父亲的汪峰求助。随后,汪峰也对父爱如山的两人给予了动情的肯定。在艰难和纠结中,那英选择了朱克。接下来,张惠妹毫不犹豫拍下抢人灯,几秒钟后,汪峰也加入抢人的队伍,选择权瞬间逆转交给了阚立文。选导师时,阚立文并未有过多纠结,直接"我选阿妹老师",这样的快速选择让阿妹有些措手不及,怔住几秒钟后,兴奋地跑去拥抱阚立文。

当晚压轴出场的是同为专业实力派唱将的姚贝娜和林育群,两人的巅峰对决让许多观众期待已久。对于两人的同场PK,汪峰直呼不理解那英的安排,因为两人的演唱实力都堪称完美,让谁离开舞台都无比可惜。当晚,两人英文结合演唱了一首气势磅礴的《自己》。

演唱过程中,姚贝娜第一句就忍不住飙泪,随后更一度泪流满面、情难自已,甚至出现了音准的问题,她坦言是因为从歌声中看到了内心的自己。而林育群也在演唱过程中,出现了轻微的气息晃动。但在感情都极其充沛的演绎中,导师汪峰认为,感情远比技巧更能打动人,两人当晚的演唱展示了高水平歌手在双双出现纰漏后,情感上能达到的动人程度。

一阵纠结过后,那英选择了在情绪崩溃后,又用自身的音乐素养将歌曲拉回正常轨道的姚贝娜。但是,那英也不容许林育群离开,她现场双手合十祈求其他三位导师,给林育群继续梦想的机会。最后,张惠妹思忖片刻后拍灯,林育群成为阿妹战队的一员猛将。

此外,张目、毅光年组合、萱萱、侯磊、田园等学员也如期通过导师那英的考核。周诗颖、声音乐团、崔兰花、丁克森、唐茁菲则憾别《中国好声音》的舞台。

(新浪娱乐2013年8月17日)

示例分析:(1)划分层次:全文共7个自然段,可划分为四个层次。第一层为第1自然段,第二层为第2、3自然段,第三层为第4、5、6自然段,第四层为第7自然段。

(2)概括主题:火爆全国的第二季《中国好声音》导师考核战正式拉开序

幕,那英组的比赛一波三折,精彩纷呈。

(3)联系背景:2012年第一季《中国好声音》播出后,引起了受众广泛关注,有着极高的收视率和社会影响力。第一季中,刘欢、那英、庾澄庆、杨坤四位著名歌手作为明星导师言传身教,为中国乐坛的发展选拔了一批怀揣梦想、具有天赋才华的音乐人,树立了中国电视音乐节目的新标杆。第二季的《中国好声音》继续携全世界华人的音乐梦想重磅来袭,于2013年7月12日在浙江卫视播出,由那英、张惠妹、庾澄庆、汪峰担任导师,呈上新一轮欢乐的音乐盛宴。

(4)明确目的:告知受众最新的考核结果,回顾比赛的具体过程。

(5)分清主次:稿件中的第一自然段开门见山地交代了比赛结果,较为重要,第4、5、6自然段具体的比赛过程也是受众关注的焦点。

(6)确定基调:清新、明快、亲和。

第三节　训练稿件

稿件一

蛇年春晚今晚8点播出　央视荧屏多彩节目陪您一起过大年

春晚已经准备就绪,今晚8点,本台综合频道、综艺频道、中文国际频道、军事农业频道、法语频道、阿拉伯语频道、俄语频道和高清综合频道将进行全球同步直播。同时,中国网络电视台也进行"无障碍"网上直播,通过视频加文字的方式方便听障人士欣赏春晚。难忘今宵,蛇年春晚陪您一起过大年。

除了春晚外,我台各频道在整个春节期间为观众准备了丰富多彩的荧屏大餐,为大家呈现一个别样的蛇年春节。

戏曲频道今晚将播出《2013年春节戏曲晚会》,为喜爱戏曲的观众朋友呈现一场精美绝伦的戏曲盛宴。

纪录频道《生命的力量》今晚为您展示动植物及相关地理环境相互作用,共同演变的神奇过程。

大型竞技挑战节目《吉尼斯中国之夜》明晚将在我台综合频道强势回归,全球近30个国家的挑战勇士和中国达人们,将在50多个紧张刺激的挑战项目中展开竞逐。而综艺频道、财经频道明天将带来《过年七天乐》以及《厨王争霸》第三季。

另外,新闻频道今晚将邀请众多春晚明星以及总导演哈文,做客新闻演播室和您畅谈春晚的那些事儿。

新闻频道特别节目《世界面孔》将用纪实的拍摄手法,呈现世界上形形色色的人物,讲述这些人身上或感人至深、或发人深省的故事。晚间特别节目《新春五洲行——前沿》将带您走进世界五大洲,展现一个观众所不了解的世界。节目还将首次嵌入评论员版块"在新闻中穿行",以虚拟演播室形式,真实再现世界各地的新闻现场及著名景观。

(中央电视台《新闻联播》2013年2月9日)

训练提示:这是除夕夜中央电视台《新闻联播》中的一则文化消息,向广大电视观众介绍除夕夜及过年期间中央电视台的春节特别节目。对于中华儿女来说,春节是一年之中最盛大的节日,为了满足受众的不同需求,中央电视台除春晚外还在不同频道安排了不同的春节特别节目,让丰富多彩的节目陪大家一起过大年。

整则新闻中,停连、重音、语气、节奏等技巧运用随处可见。播报时,关键是把握好基调,在除夕夜播报这样的消息,无疑是喜气洋洋、年味十足的。一定要处理好段落之间的衔接,因为各频道播出各具特色的春节节目,孰轻孰重、孰简孰繁应让受众一目了然。如在第一段导语部分,重音有"春晚""8点""中国网络电视台""无障碍""听障人士"等,之所以强调网络电视台,是因为这样一种新鲜的举措满足了更多受众欣赏春晚的愿望,也体现了和谐中国的大国情怀,让这个年更温馨、更欢乐。

这则消息从某种意义上来说其实属于节目预告,但是由于它是在《新闻联播》里播出的,其播报风格和处理方式应有一定的规格,这种规格体现在两个方面:一是语言表达规范,二是语气、节奏的拿捏要恰当。

稿件二

9个剧目进济南"新青年"大学生戏剧节决赛

5月9日下午,由第十届中国艺术节山东省筹委会大型活动部、第十届中国艺术节济南市筹委会联合主办的第二届济南"新青年"大学生戏剧节决赛在济南都市实验剧场开幕,共有包括山东大学、山东师范大学等在内的8所高等院校的9个剧目进入决赛展演。

据悉,去年首届济南"新青年"大学生戏剧节被评为"2012年影响济南文化事件",而本届戏剧节将在首届成功举办的基础上进一步扩大范围,面向全省高校展开。"大戏节"初赛历时两个多月,共有全省38所高校的186个剧社参赛。进入决赛的9个剧目将在接下来的一个星期内轮番上演,通过激烈角逐评选出一、二、三等奖,没有进入决赛的作品也可以参评其他奖项,如优秀演出奖、最佳人气奖、最佳男/女演员奖、最佳导演奖、最佳原创编剧奖、最佳组织奖等。

新青年"大戏节"是一个挖掘本土戏剧人才、培养受众群体、发酵文化市场的绝佳平台,其成功举办不仅活跃了大学生的文化生活,更为整个城市的文化发展带来了全新气象。本届"大戏节"组委会负责人表示,将努力把新青年"大戏节"作为每年一届的常规性群众文化活动连续举办下去,将之打造成为山东省的新"文化名片"。

(齐鲁网教育频道2013年5月10日)

训练提示:这则文化新闻用的是"倒金字塔式"的结构,导语中就为我们提供了一些重要信息:时间、地点、事件。

导语中需要强调的重要信息有:"大学生戏剧节""决赛""9"。导语中的停连可以这样处理:"由第十届中国艺术节山东省筹委会大型活动部、第十届中国艺术节济南市筹委会联合主办的/第二届济南'新青年'大学生戏剧节决赛/在济南都市实验剧场开幕,共有包括山东大学、山东师范大学等在内的8所高等院校的9个剧目/进入决赛展演。"

主体部分主要说明本届大学生戏剧节的影响力和参与性,可以选取以下词语来着重强调:"文化事件""全省高校""两个多月""186""其他奖项"。这一段里连接的地方较多:"如优秀演出奖、最佳人气奖、最佳男/女演员奖、最佳导演奖、最佳原创编剧奖、最佳组织奖等",顿号处应多连少停。

结尾自然段升华了大学生戏剧节的意义:不仅活跃了大学生的文化生活,也增强了城市文化软实力。

这则消息的基调应是热情、积极、向上和充满期待的。播报时,要在多种表达技巧综合运用的基础上将新闻的新鲜感体现出来。

稿件三

郭敬明只给《小时代》打60分 不在意口碑两极化

由郭敬明自编自导的电影《小时代》午夜场和提前场票房约740万,创国产电影最佳开局。昨日郭敬明带着杨幂、柯震东、郭采洁、凤小岳等全体主创来到北京。面对时光网和豆瓣网低分,郭敬明给自己的处女作打60分,他表示一部电影不能征服所有人,专业批评他虚心接受,但因为自己和杨幂不看电影就打低分他不会在意。

"为黑而黑"不在意

昨日影片上映首日正赶上中学放暑假,因此中学生观众贡献了不少票房。好成绩让主创心情颇好,发布会上每人还拿着一张剧照透露下集剧情。

对于时光网和豆瓣网分别只有2.7分和4.8分,郭敬明称差评并不会影响心情,"打低分没关系,就怕你没看电影,只因为郭敬明、杨幂就打低分,这种'为黑而黑'的行为我不会太在意。中国电影需要理性环境,一部电影本来就无法征服全国13亿人,《小时代》不是迪士尼合家欢电影,没法让8岁到80岁的观众都认可。"

"剪辑问题"留遗憾

郭敬明认为,中国电影类型要多样化,贾樟柯写实,而他自己放大了青春情绪,比真实生活更梦幻和华丽。不过郭敬明也接受包括周黎明在内的专业评价,"有人指出镜头运用和剪辑的问题,我会接受。第一次拍电影难免有遗憾,我在后期剪辑时就觉得很多地方不好"。

影片上映前有影院挂出海报称,身高低于1.5米将优惠观看《小时代》,对此郭敬明表示,"听说他们要开除那个影院宣传,我说年轻人一时糊涂不用开除,那不是大事"。

开局超《画皮2》

影片发行方乐视影业负责人张昭介绍,《小时代》提前场和午夜场票房共740万,超过《画皮2》(600万)。张昭称,昨天白天,该片在全国60座城市的排片率超过50%,创国内影史最高纪录。但据某微博认证用户指出,《变形金刚3》《阿凡达》的排片比例超过七成,《小时代》只是在排场绝对数字上创了纪录。

两位红人"怎么说话和杨幂一样难听"

听到网上有人因为杨幂而给影片打1分,杨幂开玩笑纠正:"也有人因为郭敬明打1分啦。"随后她表示,网络打分无所谓,关键是观众是否喜欢。对于有网友不喜欢杨幂发声方式的问题,杨幂回应道:"我们还把它写进台词'你怎么说话和杨幂一样难听'。我的声音是我的特色,不会找人配音,配了大家也知道我的声音是怎样的。"

训练提示: 娱乐新闻的内容和结构往往不会太复杂,更多的是描述性和叙述性的语句。这则娱乐新闻直接引用了几段人物语言,在表达的时候可以稍加处理,既要表达得生动形象,还要准确传达出消息内容。不能为了娱乐而娱乐,要努力将"娱乐化的新闻"和"娱乐新闻"区分开来。

播报时注意气息控制,尽量做到灵活自如,用声状态轻松自然。播报基调应该是清新、积极、热切、欢快、明亮的。对于描述性、叙述性较强的语言要做到情景再现,并在多种表达技巧综合运用的过程中将消息的新鲜感体现出来。同时要把稿件的脉络理清楚,找到语句之间的逻辑关系,比如:"郭敬明认为,中国电影类型要多样化,贾樟柯写实,而他自己放大了青春情绪,比真实生活更梦幻和华丽。"一层是转折关系,另一层是对比关系,在表达时一定要表现出来。

稿件四

海外闹元宵 共庆中国节

近日,海外闹元宵活动也在不少国家举行。来自中国的演出团体与当地华侨华人及当地艺术家一起,为各国人民送去新春问候,传递祝福与欢乐。

在俄罗斯圣彼得堡的元宵节庙会上,来自中俄两国的艺术家共同舞动起了"中国龙"。中国的川剧表演艺术家带来了"变脸""喷火"等精彩节目,让现场市民大饱眼福。

在巴西圣保罗,送春联、学习编制中国结等手工活动吸引了不少当地民众参加。

在南非开普敦,华人厨艺能手摆起了元宵节美食大排档。剪纸、蒙眼贴猴子头像等游戏深受人们欢迎。

为了庆祝中国元宵节,22日,阿联酋迪拜的"帆船酒店"再次亮灯,酒店的外墙上打出了"猴"的汉字。

元宵节的庆祝活动是春节热闹欢腾的延续。近几天,由中国文化部主导,主要面向国外各阶层民众的第六届"欢乐春节"活动继续在泰国、印度、埃及和塔吉克斯坦等地举行。

与此同时,中国国务院侨务办公室推出的"文化中国·四海同春"全球华侨华人慰问演出团分赴美国洛杉矶等22个国家及港澳地区的42个城市,用歌舞、声乐、杂技、魔术等艺术形式,为海外侨胞送上祖国的牵挂和祝福,观众合计有几十万人之多。

中国春节和中华文化在不少国家和地区形成了热潮。"欢乐春节"和"四海同春"在丰富海外侨胞文化生活的同时,也增进了世界人民对中华文化的了解和喜爱。

(中央电视台《新闻联播》2016年2月24日)

训练提示:元宵节是中国的传统节日,播报时基调应是欢乐祥和、喜气洋洋、年味十足的。另外,稿件中主要介绍了国外是如何庆祝元宵节的,播报时应具备一定的中国气派。

稿件五

电视综艺节目开启公益模式

综艺节目是电视节目当中不可或缺的重要组成部分,在当前国内众多的电视综艺节目中,公益类综艺节目的出现,为日趋同质化的电视综艺节目带来一缕清新的空气。

2014年4月起,全国首档国家力量全媒体大型公益寻人节目《等着我》在我台综合频道开播,节目聚合了民政部、公安部等国家部委力量、公益明星、志愿者和热心观众,帮助普通人寻找失散多年的亲友。节目开播以来已通过线上线下平台累计帮助了5 600位求助者,使600多个家庭实现了团圆。

此外,各地方卫视也相继推出了多档公益性综艺节目。

在安徽卫视推出的明星公益益智类节目《全星全益》中,明星们通过答题的方式,帮助义务绿化3 000亩荒山的盲人农民等"草根英雄"实现梦想。

江苏卫视的《远方的爸爸》以出国打工者和他们留在国内的"洋留守儿童"为主题,探讨了社会教育的方方面面。

东方卫视的《妈妈咪呀》传递了坚强勇敢的现代女性精神,浙江卫视的《奔跑吧兄弟》则捐助建设了27个快乐体育乐园,并为12所学校建起"阳光书屋"。

电视综艺节目的公益模式改变了传统综艺节目过分追求娱乐效果,成为主流媒体弘扬社会主义核心价值观、传递正能量的有效途径。

(中央电视台《新闻联播》2016年2月17日)

训练提示:以公益模式为主的综艺节目成为主流媒体弘扬社会主义核心价值观、传递正能量的有效途径,播报时基调应是积极向上、热情、充满正能量的。

稿件六

中央电视台 2015 年度《感动中国》人物揭晓

中央电视台 2015 年度《感动中国》人物揭晓,他们是:诺贝尔奖获得者屠呦呦,女排总教练郎平,杰出的文艺工作者阎肃,为国家努力奉献的优秀军工匠人徐立平,一心为群众服务的少数民族村官买买提江,热心公益的磨刀老人吴锦泉,奋不顾身救助落水者的好战士官东,为抚养孤儿茶楼卖艺的戏剧名家王宽,专门帮助寻找被拐儿童的志愿者张宝艳、秦艳友夫妇,为学生鞠躬尽瘁的中学校长莫振高。《感动中国》还向为中国反法西斯战争作出重要贡献的抗战老兵和海外侨胞表达了特别致敬。

《感动中国》2015 年度人物颁奖盛典将于今晚 9 点 30 分在我台新闻频道重播,欢迎收看。

(中央电视台《新闻联播》2016 年 2 月 15 日)

训练提示:这是一则关于《感动中国》人物颁奖盛典的新闻,内容极具正能量。播报时综合运用内、外部技巧,体现出消息的新鲜感。

稿件七

《茉莉花》中西合璧 绽放春晚

2016 年央视开放办春晚,面向海外华人挑选演员和节目,由 40 多位美国华裔后代演出的舞蹈《茉莉花》成为海外演员参与人数最多的一个节目。

这群来自美国亚特兰大晨星舞蹈学校的学生最大的 18 岁,最小的 11 岁,就是她们在春节联欢晚会上表演了精彩的舞蹈《茉莉花》。

《茉莉花》将中国的传统扇子舞与芭蕾舞相结合,它的雏形是辽宁芭蕾舞团编导刘婷婷编排的独舞,在美国演出后,被美国亚特兰大市晨星舞蹈学校选为参赛节目。今年春晚剧组向刘婷婷发出邀请,刘婷婷第一个就想到了美国晨星舞蹈学校排演的《茉莉花》,随后在美国开始备战春晚的训练。

16岁的田蕊妮(Leilani TIAN)处于节目的核心位置,虽然此前已多次参加过美国青少年芭蕾大赛等重大赛事,但得知能登上春晚舞台,依然非常激动。

拉米今年11岁,是这次《茉莉花》节目中年龄最小的姑娘,台下的拉米腼腆内向,不爱说话,但每当跟着音乐翩翩起舞时却判若两人。

距离除夕还有9天,49位小演员从美国飞到北京,一下飞机,就直奔春晚一号演播大厅。此后,49个孩子进入了排练倒计时阶段,每天往返于一号演播厅和驻地之间加紧排练。

这次来春晚,美国学校只批准孩子们最长为两周的假期,为了不落下功课,从飞机上开始,大巴车上、休息区……孩子们见缝插针地赶作业。

孩子们的努力没有白费,《茉莉花》一上台就赢得了热烈的掌声,一朵朵优雅浪漫的茉莉花在舞台上竞相绽放,美不胜收。

(中央电视台《新闻联播》2016年2月11日)

训练提示:这则新闻交代了40多位美国华裔后代参演春晚节目的前因后果,播报时语气可轻松、温馨一些,以体现中国年的团圆气氛。

稿件八

【你我中国梦 全面建小康】红红火火过大年

福字贴好了,灯笼挂好了,团圆饭摆好了!此时此刻,您是不是正在吃年夜饭,来,举起杯,我们共同祝愿:日子越过越甜蜜,生活越来越富裕,祝福祖国越来越美好。小家连着国家,万象更新之际也正是新梦想的开始,你我中国梦,全面建小康。现在我们就带大家去全国各地看一看红红火火的中国年。

黑龙江的双峰林场,一年里有7个月白雪皑皑,年平均积雪两米厚,现在天然林不让砍伐,当地人办旅游,雪乡的名号也越来越响。这不,年三十的雪乡,迎来了大批南方客人,对他们来说,在这儿过个年,别有一番风味。

北国看雪,南国看花,广州人的年三十,人们把逛花市当成了一大乐事。你看,桃花、年桔、水仙、玫瑰,上百种鲜花争相斗艳。桃花代表大展宏图,年桔代表大吉大利,蝴蝶兰代表的是事事顺心。

南京人的年三十,伴着鼓声而来,广场上正在表演的是江苏省非物质文化遗产"方山大鼓",这种表演只流传于南京方山一带。表演时,鼓手模拟丰收后麻雀起舞啄食粮食的场面,欢腾跳跃,也表达了人们在新的一年中祈祷丰衣足食的美好愿望。

川藏铁路线上,因为工作,这些建设者过年不能回家。这不,很多家属跑到工地上来团聚,今天年三十,也是藏历新年吃古突的日子,吃古突也就是团圆饭。今天,他们的团圆饭,就合在一起吃了。

堆巴村的百姓很高兴,村里77户人,74户参与到了川藏线的建设,门口的铁路线,直接增加了他们的收入。他们更期待的是川藏铁路尽快通车,那个时候他们的生活就不单单是小康了。

(中央电视台《新闻联播》2016年2月7日)

训练提示:这是一则大年三十的新闻,祖国各地都在以不同方式准备红红火火过大年。因为时代背景恰处在全面建成小康社会的关键时期,弘扬主旋律格外重要。播报时,语势幅度可以大一些,基调轻松但又不失庄重、喜庆之感。

稿件九

【时代先锋】阎肃:德艺双馨 为时代而歌

空军政治部文工团创作员阎肃从艺60多年,创作出一大批时代特点鲜明、催人奋进、屡获大奖的优秀作品,成为享誉海内外的大师名家。

8个月前,他受命参与策划编创纪念中国人民抗日战争暨世界反法西斯战争胜利70周年文艺晚会《胜利与和平》,与年轻人一样连续奋战数月。

从中华人民共和国成立50周年晚会《祖国颂》到中华人民共和国成立60周年晚会《复兴之路》,从建党80周年晚会《岁月如歌》到抗战胜利70周年晚会《胜利与和平》,阎肃一直为时代而歌。

一首歌、一部剧,能作为一个时代的记忆留存下来,源于阎肃对大时代的深刻把握和热情赞美。20世纪80年代创作的《敢问路在何方》,流行于20世纪90年代的《雾里看花》,一时间传唱大江南北。本世纪初,阎肃创作了《同一个世界,同一个梦想》和《五星邀五环》唱响奥运;而一首《风雨同舟》,更是面对洪水、地震灾难时,全国人民万众一心、众志成城的凌云壮歌。

(中央电视台《新闻联播》2015年12月11日)

训练提示:阎肃是我国德艺双馨的老艺术家。播报时,基调一定是热情、敬仰的,注意内部技巧在这则新闻中的运用。

稿件十

纪念中国人民抗日战争暨世界反法西斯战争胜利 70周年文艺晚会《胜利与和平》在京隆重举行

歌声豪迈,礼赞伟大胜利;灯火辉煌,点亮和平之光。纪念中国人民抗日战争暨世界反法西斯战争胜利70周年文艺晚会《胜利与和平》3日晚在北京人民大会堂隆重举行。习近平、李克强、张德江、俞正声、刘云山、王岐山、张高丽等党和国家领导人与6 000名中外人士观看晚会,共同纪念这个辉煌的日子。

人民大会堂万人大礼堂灯光璀璨,二楼眺台悬挂着横幅,"铭记历史　缅怀先烈　珍爱和平　开创未来"。舞台正中,"胜利与和平"5个金色大字熠熠生辉。蜿蜒起伏的长城造型构成了舞台主背景,舞台两侧镶嵌的"中国人民抗日战争胜利70周年纪念章"金光四射。

晚会开始前,70名抗战老战士、老同志在少先队员们的簇拥下,手捧鲜花来到大礼堂观众席前排就座。全场起立报以热烈掌声,向他们为胜利与和平建立的不朽功勋致敬。

19时55分,欢快的迎宾曲响起,习近平等领导同志与出席纪念中国人民抗日战争暨世界反法西斯战争胜利70周年大会的各国领导人,一起步入大礼堂。

钟声徐徐敲响。舞台上,一位老战士缓缓走向70年前曾与他并肩战斗的抗战英雄群像,深情抚摸,无限依恋。继而,号角响起,旗帜飞扬,整个舞台化为胜利的广场。人们欢呼着从四面八方涌来,齐声高唱《胜利之歌》。昂扬向上的旋律、豪情万丈的歌声,向所有为中国人民抗日战争和世界反法西斯战争胜利建立不朽功勋的英雄儿女致敬,也拉开了整场晚会的序幕。

歌曲《怒吼吧！黄河！》《山丹丹花开红艳艳》《延安颂》《太行山上》气势磅礴；舞蹈《救亡进行曲》《抗日将士出征歌》悲壮感人；情境表演《松花江上·抗联英雄》《卢沟烽火·南京——永不忘却》催人泪下……第一篇章"浴血中华"展现了中华民族在生死存亡关头同仇敌忾、共赴国难、铁骨铮铮、视死如归的大无畏精神。耳熟能详的《游击队歌》《毛主席的话儿记心上》《大刀进行曲》《保卫黄河》，激情四射的《到敌人后方去》《铁血雄师》《并肩战斗》……第二篇章"正义力量"反映了中国共产党在抗战中的中流砥柱作用，展示了地不分南北，人不分老幼，全国人民同侵略者血战到底的英雄气概。情真意切的《红纱巾》《天耀中华》，气壮山河的《强军战歌》《光荣与梦想》《和平——命运共同体》……第三篇章"和平梦想"发出真诚的呼唤：愿世界人民团结起来，捍卫和平，为缔造人类命运共同体，为建设一个共同发展、持久和平的世界而携手努力。

整场晚会以抗战重要历史节点和典型事件场景为主线，选取抗战经典歌曲，把气势磅礴的大合唱作为主要表现形式，融合交响化和民族化的音乐、舞蹈、戏剧、情境表演、诗朗诵、多媒体等艺术手段，主题鲜明、主线突出、大气磅礴、催人奋进，唱响了中国人民抗击侵略的英雄凯歌，抒写了中华民族共御外侮的壮丽史诗，突出表现了中国共产党在抗战中的中流砥柱作用，反映了中国作为东方主战场为世界反法西斯战争胜利作出的不可磨灭的贡献。

出席观看晚会的还有：中共中央、全国人大常委会、国务院、最高人民法院、最高人民检察院、全国政协、中央军委领导同志，香港特别行政区行政长官、澳门特别行政区行政长官，中央党政军群有关部门及北京市主要负责人，参加过抗战的老战士、老同志、老民兵、地方支前模范代表，抗战烈士亲属代表，海内外爱国人士、抗战将领或其遗属代表，各民主党派中央、全国工商联负责人和无党派人士代表，香港、澳门特别行政区全国人大常委会委员和全国政协常委，香港、澳门特别行政区观礼团成员，台湾同胞和海外侨胞代表，解放军和武警部队代表，首都各界群众代表以及各国驻华使节、外军观摩团代表，为抗战胜利作出贡献的国际友人或其遗属代表。

(中央电视台《新闻联播》2015年9月4日)

训练提示：这则新闻的基调庄严、大气。在播报和处理上必须有一定的规格，把握好时代背景，注意语言表达的规范性，拿捏好语气并控制好节奏。

稿件十一

《奔跑吧兄弟》第四季阵容公布：7人都在 邀你来献策

经过短暂分别，浙江卫视第四季《奔跑吧兄弟》将于2016年再次与观众见面。目前，节目正处于紧张筹备阶段，新一季的嘉宾阵容也引发了网友们的无尽猜想。今日，《奔跑吧兄弟》第四季首次公布了本季的固定嘉宾阵容，第三季节目中的7位成员，邓超、Angelababy（杨颖）、李晨、陈赫、郑恺、王祖蓝、鹿晗，确认将继续全员驻守，为大家带去快乐。同时，在新一季"跑男"开录前，节目组也发起了节目游戏方案的征集，号召每一位热爱"跑男"的观众带着创意点子，加入到"跑男伐木累"中来！

经过三季磨合，"跑男团们"彼此越来越熟悉，节目中的互动也越显默契，邓超和Angelababy开始以"叔叔""侄女"彼此称呼，成了另类的"叔侄组合"；"晨妈赫宝"暖心依旧，彼此信任配合默契；邓超和李晨的"老年人CP"，相爱相杀笑料不断；邓超、陈赫的"天霸动霸tua"组合更是无厘头搞怪，欢乐满满。同时，上一季全新加盟的高颜值超人气"小兄弟"鹿晗也给"跑男"家庭带来了更多新鲜活力。经过一季的磨炼，"小鲜鹿"已经完全适应了"跑男"的综艺节奏。节目中，直爽性格暴露无遗，让观众看到了他"耿直boy"的全新一面，也让他迅速融入"跑男"大家庭。

"跑男团"的团结友爱在节目中亦有不少呈现，上一季7个人齐心协力完成了很多难以想象的任务：66人跳大绳、兄弟接力追火车、齐心协力横渡长江……兄弟们不仅在节目里玩得开，私底下同样互动多多，为观众们带去了许多欢笑。

除了兄弟们能玩敢想之外，作为一档三季以来热度持续走高的现象级节目，《奔跑吧兄弟》的另一项制胜法宝则要属其轻松有趣的游戏环节了。"撕名牌""指压板"等传承了三季的经典游戏自是不用说，给观众送上十足笑料的同时，更掀起过全民参与的热潮。进入第四季的录制，节目组希望能在游戏环节再做创新,继续为观众带来新鲜体验。因此,"跑男"官方也发起了游戏方案征集,号召每一位热爱"跑男伐木累"的观众,脑洞大开一起设计"跑男"的游戏方案。优秀方案一经采用,还将成为该轮游戏的发布者,参与到游戏的录制环节中!

(蓝天下 2016 年 2 月 29 日)

训练提示:《奔跑吧兄弟》是年轻人关注的一档真人秀节目,文中内容是大家关注的娱乐焦点,播报时,基调活泼,气息弹跳性强,节奏清新明快。

稿件十二

《我是歌手》李玟成"三冠王" 王晰垫底 容祖儿首秀入三甲

湖南卫视《我是歌手》第三轮竞演昨晚拉开序幕,李玟摇滚出击凭一首《What's Up》收入第三个周冠军,徐佳莹再度回暖,《不痛》摘得本场第二,补位歌手容祖儿"翻牌"好友金曲,首秀即入三甲占据季军宝座,黄致列则发挥苦情优势暂保安全,位列第四,而上周夺冠的王晰却爆冷垫底,让许多网友大跌眼镜。

随着上周五晚第七期节目的播出,《歌手4》终于进入后半段征程。对于首发歌手而言,本场正是决定其能否突破瓶颈、粉碎审美疲劳的关键期。在节目中,顶着一头特立独行的脏辫登场的李玟大胆尝试新曲风,以一首美式摇滚《What's Up》帅气亮相,一颗坦率初心征服全场摘得桂冠,将她本季的第三个冠军收入囊中。斐然成绩令战友艳羡,也引发观众好评不断:"李玟太帅了,气场一级强大,这么多年了依旧保持一颗年轻的心""超喜欢 CoCo 对歌曲的改编和舞台的表现力,个人觉得这才是参加《我是歌手》该有的实力和态度。"

而此前备受观众期待的容祖儿当晚压轴现身,作为第二位补位歌手首秀竞演舞台。与传闻有所差异,身着晚礼服亮相的她没有选择自己的代表曲目《挥着翅膀的女孩》,反而翻牌了好友李克勤的《月半小夜曲》。婉转嗓音裹着浓烈情感在优雅气质中尽显浪漫深情,即使是原本安静的乐曲,在她的诠释之下也迸发出宏大悲壮的力量,让听者为之激荡,并获得第三名的好成绩。

持续上周苦情路线,经过了一番起伏的黄致列本周渐回稳定状态,然而与之前的苦情不同,这一回欧巴的"苦"却是升级版。在节目中,他选唱了苦情派代表张宇的《一个人的天荒地老》直拳出击,将爱情中的苦涩一一揭开,毫无遮挡地展示在观众眼前,招来一片心疼,再次巩固了"鲜肉苦嗓"的江山。

起起落落两回合,自《歌手4》开播以来的第一匹黑马徐佳莹本周也触底反弹,一首《不痛》醍醐灌顶从头皮麻到脚趾,斩获本场亚军。不但打了一记漂亮的翻身仗,也为全新一轮的比拼找到了一个好的起点。

在当晚节目中,最让人惊掉下巴的还是从冠军直降到垫底的王晰。在危机重重的第三局开头,王晰对于《重来》一曲的选择虽然算是"兵行险招",但是演唱中的他却不见畏缩之意,在以低音震场的基础之上,又突破自我挑战高音区和节奏感,整曲编排得当,不仅质量丝毫没打折扣,还将他自身的各项优势都展示得淋漓尽致,爆冷垫底着实让人意外。

同样进入危险区的还有张信哲和李克勤。自首秀之后排名一直不见起色的张信哲本周雪上加霜下滑至第六。虽然长时间受伤病所累无法达到最佳状态,但一向淡泊的他却坦言称名次并非心中第一重要,此次唱的《微光》其实本该在首秀呈现,放在这一场算是完成自己的一个心愿。无巧不成书,"粤语金曲担当"李克勤上周同样临时换曲,将原本编排在后的《风继续吹》提前演绎,不料也步入危险区。

(湖南卫视金鹰网 2016 年 2 月 27 日)

训练提示:《我是歌手》是湖南电视台的一档娱乐节目,有着极高的收视率,播报时,语气应该牢牢贴合比赛时歌手的紧张感和参与感,基调轻松自然且活泼有力。

稿件十三

世界各地喜迎 2013 年

在 2012 年和 2013 年的更替之际,世界多地都举办了辞旧迎新活动。人们在这一刻互致祝福,对 2013 年寄予美好希望。

新西兰最大城市奥克兰是世界上最早迎来新年的国际大都市之一。当钟声敲响时,328米高的天空塔上焰火齐放,映亮夜空。

与往年相比,朝鲜首都平壤今年的元旦庆典格外隆重。金日成广场举行了大型焰火表演,吸引了大批民众前来观看。朝鲜中央电视台、广播电台都对焰火表演进行了现场直播。

在阿联酋迪拜,828米的世界第一高楼哈利法塔上演了新年焰火秀。伴随着现场乐队的演奏,烟火随着音乐节奏绽放,时而如孔雀开屏,时而如飞流直下,缤纷绚烂。今年的庆典活动吸引了近百万观众。

在俄罗斯莫斯科,尽管气温极低,人们仍然和往年一样聚集在红场,等待克里姆林宫顶楼敲响新年的钟声。在焰火的映衬下,人们高举酒杯,放声歌唱。

在伦敦大本钟悠扬的钟声里,超过25万英国人聚集在泰晤士河畔,观看了伦敦焰火表演。伦敦奥运会的成功举办让英国人的2012年多了几分自豪,人们用欢笑和祝福辞别2012年,迎接2013年。

大约230万民众参加了今年巴西里约热内卢的新年活动,创下了历史纪录。在著名的科帕卡巴纳海滩,焰火表演长达16分钟,共燃放了24吨火药,格外壮观。

美国纽约时报广场的迎新年活动始于1907年,已成为全球著名的新年传统活动之一。今年的新年庆典由"熊猫舞蹈"表演拉开序幕,充满浓浓的中国味。在数十万民众的倒数声中,零点钟声敲响,水晶球缓缓降落,伴着绚烂的烟火,五颜六色的许愿纸飘向空中,人们拥抱亲吻,互致最美好的新年祝福。

(《新闻联播》2013年1月1日)

训练提示:跨年之际,各个国家以不同方式迎接新年。播报时,风格要端庄大方,语气要亲切自然、喜气洋洋,气息控制要饱满有力。

稿件十四

2012中国电视剧年度明星盛典即将举办

"中央电视台2012中国电视剧年度明星盛典"颁奖典礼目前已经进入最后

准备阶段,评选结果将于本月底揭晓。

"中央电视台 2012 中国电视剧年度明星盛典"是中央电视台首次为国内电视剧演员量身定制的国家级奖项。2012 年在央视综合频道、电视剧频道以及全国省级卫视黄金时段首播电视剧中的主要男女演员近 300 人入围本次评选。

本次评选活动既有业内专家学者组成的专业评审团,同时还在《中国电视报》上连续刊登选票,由普通观众和专业评审共同评选出"十佳电视剧年度男女演员奖"。

"中央电视台 2012 年中国电视剧年度明星盛典"将于 3 月 31 日晚 8 点在我台综合频道播出。

(中央电视台《新闻联播》2013 年 3 月 25 日)

训练提示:这是一则典型的文化新闻,播报时,叙述性语言要准确得体,风格要亲切自然。

稿件十五

清明节我台荧屏编排凸显文化特色

清明节期间我台各频道为观众编排了针对节日特色的丰富节目,突出文化特点。

综合频道《一起聊聊》节目中,著名学者易中天与三位来自不同领域的"食品哥"对话,聊聊"舌尖上的良心";青年电视公开课《开讲啦》,邀请羽泉组合全新亮相。

综艺频道《我们的节日——清明》特别节目,来自台湾的著名学者傅佩荣将讲述寒食节的来历。

科教频道将在 4 月 4 日播出《2013 我们的节日清明——中华长歌行》,综合频道当晚重播。

4 月 4 日还将推出直播节目《清明记忆》,另外清明特别节目《寻找无名英雄》祭奠那些为共和国献出宝贵生命的英烈。

中文国际频道百集大型系列节目《客家足迹行》将追寻客家迁徙足迹。

新闻频道特别策划播出《追忆好人》,缅怀那些为了他人安危牺牲自己生命的平凡人物。节日期间还将关注普通人的殡葬权益保护问题以及殡葬从业者这个特殊群体。新闻频道还将播出《亚马孙潮直播》特别节目。

少儿频道以经典的国产动画佳作全线贯通整个清明假期。

(中央电视台《新闻联播》2013年4月3日)

训练提示:这则新闻具体介绍了清明节期间央视各频道将要播出的节目内容。播报时,注意层次的把握,内容叙述要清楚,基调庄重大气、风格端庄大方。

稿件十六

"2011 计划"首批认定名单公示

由教育部、财政部联合实施的"高等学校创新能力提升计划",即"2011 计划"今天公示了首批认定名单。四大类共 14 个高端研究领域将获得优先扶持。这是继"211"和"985"重点高校建设之后,我国高等教育领域的第三个国家战略工程。

首批公示的"2011 计划"名单分为前沿、文化、行业和区域四大类,包括量子物理、化学化工、航空航天以及司法文明、海洋权益等 14 个重点领域,是从全国 167 个协同创新中心的申请中层层筛选出来的。和人们熟悉的"211""985"高校建设不同,"2011 计划"不再扶持哪一所大学,而是要求高校牵头,通过校校、校所、校企等多种方式组成协同创新中心,共同承担国家战略需求。

天大的化工技术国内领先,而在化学基础研究方面南开的功底更深厚,像这个地沟油变废为宝的重大项目,最早是天大率先开展的,而真正取得突破要得益于南开提供的催化剂关键技术。

"2011 计划"的认定标准是"国家急需,世界一流",列在公示名单第一个的量子物质科学协同创新中心,就是由北大、清华、中科院物理所三个国内顶尖的研究单位联手组成的,聚集了 20 多位院士,数百名科技精英,被业内誉为"金三角"。"2011 计划"还打破了地方高校很难申请国家重大项目的局面。区域类的四个重点方向分别由苏州大学、南京工业大学、浙江工业大学和河南农业大学四个地方高校牵头,其中后三所既不是"985"也不是"211"。

"2011计划"不再是终身制,每四年要进行重新评审,如果目标完成而且国家有进一步的需求,才能进入下一个周期。

(中央电视台《新闻联播》2013年4月11日)

训练提示:科教文卫新闻属于传统的文化新闻范畴。播报时,注意数字的规范性,新闻中重音的强调要少而精。

稿件十七

中国动漫产业步入转型关键期

在杭州举行的第九届中国国际动漫节今天落下了帷幕。本届动漫节虽然在论坛、赛事、活动等方面都做了"瘦身",但参展企业的热情却并没有因此而减少。国产原创精品集中亮相,显示我国动漫产业正在进入由量到质的转型关键期。

这是由上海炫动传播股份有限公司最新推出的动漫形象"京剧猫",将传统的京剧文化元素与猫可爱的形象结合,一下子就吸引了众多的参观者。

而对于上海的这家动漫公司来说,京剧猫也是其近年来努力转型之后的一个崭新创意。

十年前我国开始扶持动漫产业,到2010年中国已经成为世界第一动画生产大国,但是动漫产业在快速膨胀的同时,"大而不强"的问题凸显。因此,2010年我国就开始逐步调整动漫产业发展政策,注重品质、创制精品成为引导和鼓励的方向,在本届动漫节上记者看到,有越来越多的企业已经不再把一年能播出多少动画片作为主要经营目标。

同时,在本届动漫节上出现的一批投入大、制作精良的原创动漫作品也以全新的形象展示了我国动漫产业十多年来艰苦创业所积累的成就。投资1亿元、耗时3年完成的3D动画电影《昆塔》、妙趣横生的《食功夫》系列、展现新疆少数民族传统文化的《少年阿凡提》等,一亮相就赢得了参观者和片商的青睐。

在精品的带动下,动漫基础行业也受到了前所未有的关注,以选拔优秀动漫配音演员为主的声优大赛吸引了22个地区的400多支队伍参赛,第三届漫画拍卖会则以1 420万元的总成交额再创新高。

(中央电视台《新闻联播》2013年5月1日)

训练提示:动漫作为新兴产业受到年轻人的追捧。播报时,要富有青春朝气,将文中的具体作品形象生动地播报清楚,做到气息自如,声音饱满且弹跳有力。

稿件十八

《五月的鲜花——我们的中国梦》今晚直播

《五月的鲜花——我们的中国梦》——2013年全国大学生校园文艺会演今晚20:06将在我台综合频道直播,两个小时的节目全部由来自全国50多所高校的1 500名大学生表演,青春、时尚、创意、梦想成为晚会的主打元素,而大学生科技发明登台、外国留学生首次参演都成为今年晚会的亮点。

晚会分为"传承中国梦""美丽中国梦""青春中国梦""奋斗中国梦"和"我们的中国梦"五个篇章,时长两小时,包括歌舞、器乐、情景表演唱和语言类等46个节目。

遵义师范学院表演舞蹈《红色记忆》将现代舞蹈与传统剪纸艺术相结合,弘扬了不朽的长征精神;武汉体育学院的5位世界冠军和13位全国冠军将高难度的体操技巧融入轻松诙谐的跑酷运动和花式篮球;而北京体育大学的节目《中国力量》将传统的太极和书法艺术巧妙结合,呈现了一幅水墨山水画意境的中国梦。

来自北京理工大学的学生将自制的科技发明带上舞台,这款节能赛车每度电可跑350公里,获得全国节能车竞技大赛冠军;这是学生们自己制作的飞行器,既可以垂直起降,也可水平飞行,还具有位置记忆功能。

在"多民族共筑中国梦"版块中,内蒙古师范大学带来了粗犷豪迈的《博克雄风》,西藏职业技术学院带来了民族歌舞《踏秋》;新疆大学的32位学生带来《顶碗舞》无不展现了对民族文化遗产的保护与传承;而来自喀麦隆、俄罗斯等国的9位外国留学生的首次参演,也为《五月的鲜花》带来浓浓的国际范儿。

(中央电视台《新闻联播》2013年5月4日)

训练提示: 这是关于大学生校园文艺晚会的新闻。播报时,语气既要时尚青春、动感十足,又要准确规范、分寸适宜。

稿件十九

《中国最强音》三强出炉 罗大佑组全军覆没

经过两个多月的比赛,湖南卫视《中国最强音》三强在6月22日晚诞生,曾一鸣、HOPE组合、刘明辉、艾怡良以及陈一玲上演了激烈争夺,最终三员男将笑到最后,曾一鸣、HOPE组合和刘明辉组成"最强音"三强,罗大佑带领的"女生组"宣告全军覆没,无缘下周的冠军争夺赛。

艾怡良连输四轮PK 无缘三强

冠军战中,章子怡带领的曾一鸣、陈奕迅带领的HOPE组合和郑钧带领的刘明辉将对罗大佑组的两位女生艾怡良和陈一玲进行"围攻"。根据冠军战赛制,观众仍手握最大决策权。当晚,他们的投票将是选手们能够晋级全国总决赛的关键因素,投票最低的选手将直接出局,投票相对较低的两组选手将进入导师决定环节。

首轮登场的是前一天在逆袭组晋级到冠军组的艾怡良。她先后选择挑战刘明辉、陈一玲和曾一鸣以及HOPE组合,却不幸连输四轮,就连第二轮挑战同门的陈一玲也没有成功,只能成为三强争夺战中首个被淘汰的学员。不过,虽然输了比赛,但却赢得了导师的承诺,罗大佑当场宣布要收艾怡良为徒弟,艾怡良也感动得热泪盈眶。

罗大佑疲劳战施压 难挡HOPE组合率先跑出

而第二轮比拼则是由X导师对四位学员进行分组两两对决,本期节目的X导师罗大佑让刚上台表演完的HOPE组合接着应战自己组的陈一玲,估计是想以"疲劳战术"给陈奕迅组的HOPE组合施加压力。不过HOPE组合四位超人气成员刘雨潼、杨承熹、赵谨俨、朱晨辰临危不乱,一首周杰伦的《稻香》显得青春而有活力,导师陈奕迅对学员的表现也颇有把握,露出了自豪的笑容。结果一如陈奕迅意料,HOPE以微弱优势PK成功,成为首组晋级年度三强的学员,而陈一玲则进入到导师合议环节。

曾一鸣PK刘明辉险胜晋级

紧接着则是曾一鸣将和刘明辉两位男将的比拼。曾一鸣率先演唱,一首《黑色幽默》获得了不少掌声,刘明辉演唱的《长城》同样实力不弱,这轮的比分咬得很紧,经过现场观众的选择,曾一鸣以细微的差距险胜,待定的刘明辉只能与陈一玲一同接受导师的挑选。

郑钧10分助刘明辉晋级 罗大佑组全军覆没

按照赛制,投票率靠后的陈一玲和刘明辉进入了导师决定环节。其中郑钧颇具争议地给自己组的刘明辉打出10分的超高分,让刘明辉以35.5分获得了最后一个三强名额。随着陈一玲的落马,罗大佑带领的女生组全军覆没。

此外,节目组也破例增加了"终极人气逆袭战",经过四位导师的商议,郑钧组林军和陈奕迅组的墨绿森林组合获得了这一逆袭的机会。据悉,这两位学员将参加网络人气投票,获得选票较高的选手将重回舞台,在6月28日的决赛中有份角逐《中国最强音》年度总冠军。

(网易娱乐2013年6月23日)

训练提示:播报时,要将紧张的比赛氛围交代清楚,语言中还要有人文关怀,既紧张兴奋,又丰富充实。

稿件二十

奥斯卡落幕 小李终获影帝

北京时间2月29日,第88届奥斯卡颁奖典礼在美国洛杉矶杜比剧院结束。《聚焦》获得最佳影片大奖。墨西哥导演亚历桑德罗·冈萨雷斯·伊纳里图成为历史上第三位连续两届成为最佳导演的电影人。表演奖方面,在《荒野猎人》中搏命演出的莱昂纳多·迪卡普里奥终于获得了学院的青睐,成为新科影帝;影后桂冠毫无悬念地落在了《房间》的女主角布丽·拉尔森头上;最佳男配角的得主是在《间谍之桥》中有精彩发挥的英国演员马克里朗斯;瑞典演员艾丽西亚·维坎德则凭借《丹麦女孩》获得最佳女配角。

在技术类奖方面,去年暑期档横扫北美票房的大制作商业片《疯狂麦克斯》以6项大奖成为今晚的最大赢家;而打破北美票房纪录的国民级影片《星球大战7:原力觉醒》颗粒无收,在最佳视觉效果的竞争中不敌《机械姬》。

总体来说,本届奥斯卡的最终结果与媒体之前预期几无二致。不过这届笼罩"白人的奥斯卡"漩涡中的典礼,在几个奖项上依然成了好莱坞政治正确的风向标。一开场黑人主持人克里斯·洛克就以此为话题调侃。最佳原创歌曲奖得主英国歌手萨姆·史密斯就在登台时称自己是"首个公开出柜的奥斯卡得主"。最佳外语片的得主《索尔之子》是一部反映犹太人悲惨历史的电影。

本届奥斯卡的最大悬念无疑是莱昂纳多·迪卡普里奥能否最终成为影帝。在过去的近10年时间里,萦绕在他与奥斯卡影帝头衔之间的争论是全世界影迷的共同话题。他这回在《荒野猎人》中的表演也被媒体认为是"为获影帝的又一次挑战"。他以世界级巨星的地位,在拍摄过程中依然忍受极冻天气、与熊搏斗、生吃牛肝等形式,舍命拍摄,也足以体现其职业精神,更令观者动容。影帝提名中的其他对手,上届影帝"小雀斑"埃迪·雷德梅恩携《丹麦女孩》而来,迈克尔·法斯宾德诠释《乔布斯》,都来势汹汹。自颁奖季开始,小李几乎包揽了所有奖项的最佳男主角,同时也首次拿到了金球奖剧情类电影影帝桂冠,为最终拿下小金人做了最好的铺垫。登顶时刻,他不忘自己联合国和平大使的身份,在获奖感言时说:"《荒野猎人》讲述了人与自然的关系,去年全球变暖如此严重,我们需要为自然发声,为那些生活在贫穷中的孩子们发声。"

(腾讯娱乐2016年2月29日)

训练提示:这则新闻在当天成为各大网站头条娱乐新闻,莱昂纳多无疑是大家关注的焦点。播报时,注意对象感的把握,重音的强调要精准,基调应该是积极、热切、赞美的,不同段落中的语言逻辑要把握恰当。

思考和练习：

1. 文化娱乐新闻包含哪些方面？各有什么特点？

2. 文化新闻消息有哪些类型？

3. 文化新闻消息与娱乐新闻消息有哪些区别？

4. 哪些文化娱乐新闻节目主持人给你留下了深刻印象？请说出其优缺点。

5. 从练习材料中选取并编排一组文化娱乐新闻，尝试运用不同表达方式进行播音。

第六章　新闻评论

教学目标：了解新闻评论的分类和特点，掌握各类新闻评论的播音技巧。
教学重点：新闻评论的分类和特点。
教学难点：新闻评论的播音技巧。
课时分配：12课时。

第一节　理论概述

一、什么是新闻评论

在各种新闻体裁中，新闻评论虽然所占比重较小，但地位很重要。举凡各类具有新闻价值的论说文，不拘长短，不论署名与否，均可称为新闻评论。它是媒体解释世界、评判事物、申明观点、表达态度的最主要的形式，是媒体意志的集中体现，代表了媒体的世界观和价值取向。

二、新闻评论的分类

评论稿件的分类，从不同的角度有不同的分法。从评论论述的内容来分类，可分为政治评论、经济评论、体育评论、国际评论、社会评论、文化评论、教育评论和军事评论等；从评论论述的方式来分类，可分为解释型、表扬型、庆祝型、批驳型、建议型和纪念型评论等；从评论的体裁来分类，可分为社论、评论员文章、短评、述评、编后话、时评等。此外，还有广播电视节目中特有的谈话评论、录音述评等。

1.按评论体裁分类

(1)社论、本台评论

社论是报刊评论中最重要的部分，是报纸的旗帜，体现了报纸的舆论导向，具有很强的政治性、政策性、权威性和指导性，代表编辑部对重大新闻时事、政策、问题的发言，阐明了报纸的观点、立场和主张，文风庄重、严谨、朴实和鲜明。以《人民日报》社论为代表的党报社论，更是以其对党和国家方针、政策的深入解读，凸显其权威性，是各广播电台、电视台经常引述的内容。

另外，各广播电台、电视台中的"本台评论"也属于此类。

(2)评论员文章、本台评论员文章

评论员文章是媒体内部仅次于社论的高规格评论，多论述国内外和行业部门、地区的重要问题。作为"次重量级"评论，它在选题上更加广泛，论述上更加集中深入，表达上更加自由，也更加轻松活泼。评论员文章有署名和不署名两类，运用起来更加灵活方便。此外，特约评论员文章和观察家评论也可纳入其中。

传统的广播评论是由记者写好稿件，由播音员、主持人朗读的。随着广播评论的不断发展，目前更多的是评论员评论，即由评论员自己撰稿、播报的广播评论形式。评论员评论要求写播合一，由评论员以第一人称直接播报自己撰写的评论，将评论的内容、表达方式、播报方式统一起来，有助于增强评论的效果，充分发挥广播"以声传情"的作用。

2013年1月23日中央电视台播出的《新闻联播》中，评论员杨禹正式亮相，这也是该节目开播35年来第一次引入评论员形式。

(3)短评、本台短评

短评，即短小而精悍的评论。它开门见山、简洁明了，抓住一点进行扼要分析。短评有两种形式：一是配合新闻报道而刊出，对文章中的思想、观点表达编辑部的态度；二是独立发表，针对社会上某种思潮、现象和问题发言。

2011年中央电视台《新闻联播》新增本台短评环节。同年9月起，本台短评作为《新闻联播》的常规性环节出现。

(4) 述评

新闻述评是新闻评论的一种边缘体裁，既报道新闻事实，又对新闻事实进行评论，达到述评整合的境界。述评既要对新闻事实进行叙述交代，使受众了解有关事件本身的信息，又要对所叙述的事件加以议论、分析，表明作者对新闻事实的看法。

在电视节目中，述评是以主持人（记者）口述性语言为串联，结合画面、音响、字幕等手法，进行夹叙夹议的综合性的电视评论形式。它以画面图像为基础，以叙述性评论为主线，通过画面、音响等电视手段将观众带入新闻现场，在阐述事实的基础上，夹叙夹议，引出观点，表明立场，既生动形象，又具有感染力、说服力，是最能体现电视传播特性、发挥电视传播优势的电视评论形式。

此类节目形式的代表有中央电视台综合频道的《新闻调查》《焦点访谈》等，将观点和态度寓于事实之中，融感性认识与理性思考为一体。

(5) 编后话

编后话是一种依附于新闻报道和其他文稿的简短编者评论，通过画龙点睛的评论、批注或者说明性文字，发挥说明提示、建议点题或者针砭时弊的作用。编后话一般言简意赅、点到为止，讲究舆论分寸，一般可分为说明性按语和议论性按语。

说明性按语：用于说明有关情况、交代相关背景、介绍作者身份等，以帮助读者更好地理解报道的内容。

议论性按语：用于揭示文章的主题，以加深读者的理解；或者借题发挥、引申出深刻的意义，展现编者意见。

(6) 时评

时评就是时事评论，具有短小精悍、具体深刻、批判尖锐的风格，能吸引广大受众参与到公共事务的管理中来，实现对公众知情权和话语权的双重满足。如今国内外报刊争相设立各类时评专栏，对新近发生的各种新闻事件和时事问题发表评论。

2. 广播电视节目中特有的评论类型

（1）谈话评论

谈话评论是指主持人（记者）和评论员，或主持人（记者）、评论员与嘉宾、现场观众，在演播室或其他场景中，就新闻事件进行的分析、评价、交流活动。谈话评论是一种以听说合一、地位平等为基础的评论形式。谈话是它的基础，听说平等是它的本质，二者紧密结合。

此类节目形式的代表有中央电视台的《新闻会客厅》《对话》，凤凰卫视的《时事辩论会》《锵锵三人行》等。

（2）录音述评

录音述评是指用现场音响、音响资料、评论性语言等手段作为内容的广播评论形式。录音述评充分运用现场音响，增强了现场感，有助于交代背景、渲染气氛，这一手段是传统的报刊评论不具备的。

三、评论播音的特点

1. 观点鲜明

评论播音是发挥新闻媒体影响和舆论引导功能的重要形式。广播电视作为党和人民的喉舌，通过评论的方式对新闻事件发表观点、主张、看法，鲜明地表达立场、态度。因此，评论播音必须态度鲜明、是非分明，弘扬真善美，批判假恶丑。这就要求播音员在评论播音中，站准立场、端正态度、深刻领会、有感而发，同时，也要注意情感分寸的把握，做到有礼有节、留有余地。

2. 逻辑严密

评论播音中的逻辑严密，是指播音员充分运用播音内、外部技巧，用有声语言展现评论稿件推理及论证的过程。播音员首先要做到条理清晰，对评论稿件的文脉有细致精确的把握。论点是什么？论述依据是什么？如何展开论证？每部分之间是什么关系？这些问题的答案播音员必须了然于胸。同时，根据语句表达目的确定重音,让受众听懂推理过程,引领受众进行思辨,最终实现受众与播音员的思维"同频共振"。

3.以理服人

评论播音具有鲜明的目的性。为达到引导舆论的目的,就必须顾及传播效果。强硬的命令口吻或高高在上的说教口吻是不可取的,评论播音要引发受众的自觉思考,使其乐于接受和认同评论观点,就需要言之有理、以理服人。一方面,播音员应解决好信念问题,即自己要对稿件的观点充分认同;另一方面,播音员要对稿件充分消化并吸收,再动之以情、晓之以理地进行表达。

第二节 示例分析

一、社论、本台评论

示例一

让我们一起成就梦想——元旦献词

新年的钟声响了,带着沉甸甸的收获,我们跨入 2013 年。

站在国家的角度,过去一年,国内生产总值增长超过 7.5%,物价涨幅低于 3%,粮食生产实现"九连增",农民增收实现"九连快",城镇新增就业人数创九年来新高。稳中有进的宏观形势,让发达国家也感到羡慕。具体到普通百姓,人均收入增加了,医保水平提高了,居住条件改善了,大大小小的变化,累积成实实在在的进步,化为对新一年真真切切的期盼。

一元复始,常常是梦想开始的时候。

更好的教育、更稳定的工作、更满意的收入、更可靠的社会保障,这些平凡的梦想汇聚起来,便是个人的命运、社会的脉动、国家的方向。十八大将它们写入党的报告,绘成发展蓝图,定为国家目标。刚刚过去的 2012,这个中国社会进程中具有标志意义的年份里,世界聆听了亲民务实的"中国好声音",

13亿人拥抱属于自己的"中国梦"。

这是我们共同造就的梦想。自晚清以降,几代人泣血追求,无数人热血奋争,莫不为国家强盛、民族复兴、人民幸福。百年激荡,三十年变革,我们应当充满自豪,复兴之梦在我们的奋斗中前所未有地切近;也应当时常自警,历史的接力预示更多责任、更大挑战。这是一个孕育着无数难题、但却越来越走向富强的中国,是一个日益遭遇成长的烦恼、但又始终顽强向上的中国,是一个背负沉重的历史包袱、但却充满发展激情的中国,是一个必须面对各种风险、但却从来不乏变革勇气的中国。身处这样的中国,我们比历史上任何时期都更有信心完成现代化的使命,更有能力实现民族复兴的梦想。

回望改革开放以来三十多年,大体每十年是一个段落,每一个段落又有一个共同特点:开头都遇到严峻挑战乃至重大危机,但我们沉着冷静、把握得当、因应适宜,最终都成功扭转难局、开创新局。站在2013年的起点,放眼下一个十年,金融危机依然波诡云谲,大国博弈不断走向纵深,处于快速上升期和深刻转型期的中国,有木秀于林的骄傲,也有风必摧之的烦恼;有长风破浪的自信,也有不进则退的忧患。我们深信,危机是改革的契机,挑战是成功的砺石,只要我们善于抓住机遇,勇于开拓进取,敢于迎难而上,被动就会变成主动,后来完全可以居上。

国家好,民族好,大家才会好。每个人的前途命运都与国家和民族的前途命运紧密相连。无论是富裕梦、公平梦、成功梦,还是小康梦、强国梦、复兴梦,所梦所想,百年一脉,必须靠团结奋斗,靠实干兴邦。让孩子们成长得更好、工作得更好、生活得更好,将这些美好的期待化为现实,离不开每一个人的辛勤付出。新一届中央领导集体以高度的历史责任感奋发进取、开启新局,在未来的道路上,干部清正、政府清廉、政治清明,才能让变化更大一点,让问题更少一点;个人努力、社会协力、国家给力,才能让进步更快一点,离梦想更近一点。

2013年已经开启。让我们一起成就梦想,把个人的生命与历史的潮流交汇,将人生的旅程与时代的进步融合,用2013年的日日夜夜,成就一个更加美丽的中国。

祝福你的新年，祝愿我们的梦想。

(《人民日报》社论2013年1月1日)

示例分析：全文共9个自然段，可划分为六个层次：第一层为第1、2自然段，第二层为第3、4自然段，第三层为第5自然段，第四层为第6自然段，第五层为第7自然段，也是重点段落，第六层为第8、9自然段。本文的主题是我国进入新的一年之际回首过去的成就，展望未来的梦想，国家与个人共同前进。2012年11月29日，中华人民共和国主席习近平带领新一届中央领导集体参观中国国家博物馆"复兴之路"展览现场。习近平主席在参观展览时指出：实现中华民族伟大复兴，就是中华民族近代以来最伟大的梦想！这一时代解读，既饱含着对近代以来中国历史的深刻洞悉，又彰显了全国各族人民的共同愿望和宏伟愿景，为党带领人民开创未来指明了前进方向。由此，"中国梦"一词正式进入人们的语言生活并迅速走红。本社论全文基调为高亢、昂扬、明亮、欢快，语气中透出民族自豪感和热情高涨、满怀期待地迎接新一年的喜悦心情，给人以前行的力量。

二、评论员文章、本台评论员文章

示例二

解决欠薪难题不能光靠媒体效应

主持人：六年了，经过了千辛万苦，老何终于拿到了工钱。我们在感到欣慰的同时，也还是有一些心酸。就农民工讨薪难的问题，连线本台特约评论员杨禹。杨禹，每年年底媒体都会帮着农民工讨薪，像老何这样的事情并不是第一次，有的时候欠了农民工几年的工钱，只要媒体介入了，几天就能够解决。当然，我们一方面为问题的解决感到高兴，但是另外一方面我们有一些担忧，因为解决农民工欠薪的问题，不能够光靠媒体来行动。不知道对于这样的问题，你怎么看？

特约评论员：关注农民工遭遇的欠薪窘境，这是新闻媒体的社会责任，今后还要继续加强。但解决农民工欠薪，光靠这样的媒体效应是不行的。

眼下这些欠薪难题，说到底是法律问题，光靠道德谴责也不行。最高人民法院最近刚刚出台了相关的司法解释，对于恶意欠薪作出了一些更具体的界定。恶意欠薪已经入刑两年了，但各地欠薪情况仍然多发，全国总共才一百来号人被追刑责，有了最新的司法解释之后，这样的局面不能再继续。

欠薪久拖不决，说到底还是一个干部作风问题。有的机关干部在这方面的表现实在令人不敢恭维。他们显然没有把老百姓最着急的事放在心里。面对农民工的上门求助，他们冷漠推诿扯皮，这样的不作为客观上也放任了一些企业的恶意欠薪行为。

主持人：解决这个问题需要法律武器，个别干部也需要改进工作作风，但是这毕竟是一个老大难的问题，要真正解决这个问题，你认为突破口在哪里？应该从哪些措施开始做起？

特约评论员：突破口当然首先是法律和基本制度的建设，我想我们需要更加规范相关工程项目的管理，切断产生欠薪的深层根源。"两金三制"这些相关的制度要不折不扣地落实。尤其是地方政府负总责制度，前面说到的某些不作为干部就得掂量掂量。还得建更多的救助农民工的渠道，让打不起官司的农民工打得起官司，让不会打官司的农民工敢打官司，让有理有据的农民工打得赢官司，让打赢了官司的农民工能迅速见到执行成果。

主持人：我们真心希望随着相关制度的落实，有一天，我们的农民工兄弟都能踏踏实实地干活拿钱，高高兴兴回家过年，不再面临讨薪困境。谢谢杨禹的分析和评论。

(《新闻联播》本台特约评论 2013 年 1 月 25 日)

示例分析：从播音语言表达的角度讲，评论员文章与社论(本台评论)的区别是，社论(本台评论)的有声语言表达应体现面向全局、指导全局的高度，评论员文章(本台评论员文章)则应着重体现所评事件的个性特征。本篇稿件是以主持人与特约评论员对话的形式展开的，属于交谈式的话语样式，练习时需注意口语化的表达方式。

三、短论、本台短评

示例三

振翅蓝天向高飞

口播：从为国外公司打工到对等合作，从最初的新舟60到今天的新舟600，再到加紧研制的大型客机C919，中国航空工业集团公司正在经历从"跟踪学步"到"比翼世界"的转型之变。

记者：大家看到的这架飞机就是刚刚获得中国民航的适航证，并将在下个月交付的最新一代涡桨支线飞机新舟600。无论是从操纵性、安全性还是舒适性方面看，它都达到了国际的先进水平。

配音：从新舟60到新舟600，中航工业打造的是和国际接轨的涡桨支线飞机系列化发展之路。而依托新舟系列，中航工业旗下的幸福航空公司运营10个月以来，累计运送旅客接近10万人，这也是新型国产飞机在国内运营的最好纪录。由于我国民用客机发展较晚，以至于很长一段时间中航工业只能作为打工者为国外航空企业制造飞机零部件。在国际金融危机袭来的2009年初，国际航空市场急剧萎缩，让他们的打工之路更加艰难。

（同期声）中国航空工业集团公司总经理林左鸣：如果要把这个市场拿回来，很重要的是我们企业要进行一个根本的转型，从埋头做航空制造变成一个航空产业的重新打造。

配音：航空产业的重新打造，需要的是和世界知名的企业进行航空全产业链的合作，并通过技术融合，来打造自己的先进飞机。中航工业先后与欧洲空客、法国赛峰、美国通用电气等11家国际一流企业开展合资合作，并收购了欧洲著名的航空复合材料企业FACC公司，不仅在航电系统、航空发动机等领域实现了中国企业和国际企业的一次次对等合作，也成就了中国企业首次并购海外航空企业的历史性跨越。

（同期声）中国航空工业集团公司总经理林左鸣：这样一个跨越，实际上也是我们企业脱胎换骨的再造过程。

配音：新跨越带来的是国产客机研制的不断提速。目前，我国已经初步形成了新舟支线飞机研制、运营为一体的系列化模式，大型客机C919和新型喷气式支线客机ARJ21的研制和适航取证也取得重大进展。而中航工业也依托转型，成为首家跻身世界500强的中国航空企业，经济规模以平均每年高于20%的速度在递增。

口播：现在播送本台短评《振翅蓝天向高飞》。

重组不过一年多，中国航空工业集团就直面挑战，只争朝夕、放手一搏，向全球市场发起冲击。放眼国际航空制造业，中航工业加快研发、高端合作，快速高效实现转型，与世界航空工业巨头同台竞技，世人瞩目。

振翅蓝天向高飞。我国航空工业只有做大做强，才能让更多的人坐上中国民族品牌的飞机，翱翔天空。

（中央电视台《新闻联播》本台短评2010年5月26日）

示例分析：短评很少单独发表，一般都配合新闻播出（有时也配合通讯等），因此要与相应的新闻配合好，播音语言宜简洁明快。

播读本则短评，语气中要带着对新闻的思考和总结。第一段语句较零碎，但逻辑关系紧密，充满着对中国航空工业的骄傲与自豪之情，播读时这一部分要注意多连少停，情感不能断；第二段既有感性抒发，又有理性思考，还有对未来的美好期许和展望，播读时要注意语气的转换与衔接。

四、述评

示例四

高考：变与不变

2013年的高考今天结束了。说起来，这不过是进入大学的选拔考试，但对中国的考生来说，高考有着更多的含义：转折、希望、梦想。世界上恐怕还没有哪种考试像中国高考这样牵动人心。高考制度恢复36年来，发生了很大的变化,但有一点始终没变,那就是全社会的高度关注。在他们的身后,是社会各界的目光。这三天,走进考场的是912万考生,但他们的身后,是社会各界的关切。

6月7日8时30分许,临江市第一中学高考考点门口跑来两名考生,其中一名考生两眼发红,告诉执勤民警,自己从宾馆打车到考点,不小心将身份证丢失。执勤民警迅速启动考生服务应急救助机制,马上和派出所户籍民警电话联系,同时将考生用高考应急专用车送到派出所。户籍民警迅速启动考生户籍办理绿色通道,搜集该考生户籍档案,但经过两次仔细搜索后仍然没有查找到该考生的户籍资料。

在了解到该考生属于异地考生后,民警们立即根据考生的资料在全国人口信息网上进行检索,同时与考生所在地派出所取得电话联系,对考生户籍档案进行进一步核实。经两地警方紧急协调,建国边防派出所民警立即为其出具了户籍证明。因时间紧急,民警们又派专车将考生送往考点,使该考生在开考前顺利进入考场。

中国的高考,有不变,更有变化。保证考试的公平,是社会各界对高考始终不变的要求。为了保护这一不变的底线,有关部门每年都在变换方法和手段,加强考场纪律。今年中国31个省、区、市全部完成标准化考场建设,所有考生将在标准化考场参加考试。中华人民共和国教育部同时表示,对任何组织高考集体舞弊的团伙和个人,将一查到底,坚决依法打击,绝不手软,不法分子必将受到法律的严惩。标准化考场配置第二代身份证识别仪、金属探测器、无线信号屏蔽器等设备,所有考场安装监控摄像,真正实现网上全程实时视频巡查各个考场。今年高考因此也被人们称为"史上最严高考"。

在教育部的考试中心,远程视频指挥系统已覆盖每个考场,考场实时画面轮换切换在大屏上,考场里考生的一举一动清晰可见。今年上海还对考试进行全程无线电监测。开考后,每个考场的无线屏蔽仪开启,屏蔽掉所有的无线信号。

各地都在加大考场的监管力度。针对考试中可能出现的作弊手段,北京市无线电管理局台网联动,分布在全市11个固定监测点与移动监测车对考场周边的电磁环境进行分析,对可疑频段实时监控。

因为严格的监管,在山西,高考开考一小时,山西省无线电各管理部门就发现疑似作弊信号。山西省无线电监测站副站长聂宏斌介绍,从去年高考情况看,无线电作弊案件涵盖了语音类、数字类、图像类等设备,监管保障工作难度较大。今年,山西省无线电监测继续以监测网络为主,同时移动监测车到各考点巡查,发现可疑信号后先具体定位,再会同公安等部门对可疑分子实施抓捕。仅7日一天,无线电管理部门就分别在晋城市、临汾市和忻州市,当场查处5起作弊信号,抓获作弊人员8名,查获无线电设备5部。

今年的高考跟往年相比,还有一个最大的不同就是异地高考。今年是中国异地高考"破冰"之年,有20多个省份首次实施异地高考,考生人数不到5 000人,占总人数的0.5%。虽然人数不多,但却意义重大。有人说,这是推进教育公平的重要一步,有望改变中国过去的教育资源分配方式。

叶敏是江苏省江阴一中的学生,在她出生之前,父母已经从浙江台州老家来江阴经商了。到高三上学期,因为户籍和高考政策的限制,叶敏不得不转学回到台州,从小很少回老家的她不仅对生活环境很不适应,更郁闷的还是教材和科目完全不一样。学习和生活都不适应,这让叶敏的成绩明显下降,本来预计在江苏能冲击重点大学的实力,在浙江连考上普通本科都没把握了。就在她越来越苦恼的时候,首次实施异地高考的消息传来,让她几乎不敢相信。

叶敏很快回到了她所熟悉的江阴一中,也成了异地高考政策的第一批受益者。不过,在采访中记者发现,在江阴这个外来人口超过60万的制造业重镇,像叶敏这样的外省籍考生只有8位。在整个江苏的45万考生中,外省籍报名人数只有300多人。根据各省已经公开的数据,今年首批完全开放普通本科报考的省市,异地户籍考生报名人数不超过4 000人。

另外,不少人抱怨的"门槛太高"也是现实原因。在各地已公布的异地高考方案中,通常都对考生学籍、在该省区市就读时间、父母合法稳定工作、社保证明等条件作出限制。北上广等人口流入地区,对异地高考的限制则更严格。繁琐的程序、普遍过高的门槛还是挡住了不少考生的去路。除此之外,更深层次的原因是优质教育资源分布不均衡,这成为家长、考生利益诉求的根本所在。

即使是首批开放异地高考的省份,报考的人数也会受到录取资源和利益的很大影响。有专家对首批开放普通本科高考的11个省份做了分析,报名人数大致和高考竞争程度以及资源情况成反比。例如江苏、浙江虽然是人口流入省份,录取资源也相对丰富,但高考竞争太激烈,报名人数也就三四百人。河北、河南等地既竞争激烈,名校资源又少,报名人数因而最少。重庆、湖南、辽宁相对竞争程度弱一点,报名人数都超过500人。

高考结束了,我们祝愿每一个考生都能获得自己满意的成绩;我们希望每一个考生都能在假期里尽情放松。对于千万考生和他们的家庭来说,高考确实很重要,但对于人生来讲,它也只是众多机会中的一次。高考确实改变了很多人的命运,但每个人的未来最终都把握在自己手中。其实,无论高考成绩怎样,只要放平心态,踏实前行,梦想终会照进现实。

(中央电视台《焦点访谈》2013年6月9日)

示例分析:这一类稿件的特点是对新闻事实进行夹叙夹议的评述,既具有对事实报道的特点,又具有评论的说理性特点,事实和道理紧密结合。但从播音再创作的角度讲,述评类播音的语言表达必须集中表现"讲道理"这个特点。也就是说,新闻事实的"叙"要服从和服务于对新闻事实的"议",与新闻中"用事实说话"这一特点不同,述评的播音,属于评论播音的范畴。

五、编后话

示例五

我国多地雾霾笼罩

连续几天,我国中东部地区都出现了大范围的雾霾天气,受此影响,今天很多地方的空气质量都是六级的严重污染。

在河北,大部分地区都笼罩在浓密的雾霾之下,其中石家庄连续八天空气质量都是五级以上重度污染。今天白天,石家庄大气中的PM2.5一小时均值大都超过800多微克每立方米,空气质量为六级严重污染。

而邯郸、唐山等地,今天空气质量也是六级严重污染。

今天,记者在西三环公主坟附近,同一个地点,透过三个时间点,对天气的变化进行了拍摄。

9:30 我们可以看到远处两个红绿灯变化的情况。

12:30 大雾加重,只能看到最近的红绿灯。

16:00 夜晚临近,雾霾现象加剧。

北京市环境监测中心的数据显示,今天北京空气质量为六级严重污染;实时浓度最高的出现在北京南二环永定门附近,达到了800多微克每立方米。

湖北、安徽的雾霾天气已持续多天,当地环保部门多次发布重度污染预警。今天早上,天津发布大雾黄色预警,河南省则连续发布了16个大雾预警,其中鹤壁、开封、新乡和郑州4地发布大雾红色预警,而郑州从1月6日开始,空气质量就出现重度污染,9个PM2.5监测点的监测值全部超出国家标准值4倍以上。

环保部今天公布的重点城市空气质量日报显示,不包括PM2.5和臭氧的API污染指数最高的前10位城市:第一位是石家庄、第二位邯郸、第三位保定、第四位唐山、第五位天津、第六位郑州、第七位济南、第八位秦皇岛、第九位济宁,乌鲁木齐和武汉并列第十位。

新闻背景:PM2.5 的危害

雾霾天气,PM2.5再次引起关注,那么什么是PM2.5呢,它对人体到底有什么危害呢?我们一起来了解一下。

PM2.5是指大气中直径小于或等于2.5微米的颗粒物,也称为可入肺颗粒物。主要来自扬尘、机动车尾气、燃煤以及挥发性有机物等,它对空气质量和能见度等有重要的影响。

PM2.5粗细还不到头发丝的三十分之一,能携带大量有毒有害物质,通过支气管进入人体的肺部,甚至融入血液之中,引发呼吸系统疾病、心血管疾病,造成肺癌死亡率的增加,成为危害身体健康的隐形杀手。

雾霾天气影响人们生活

受雾霾天气影响,北京、天津、河北等地多条高速公路都采取了临时的交通管制,而医院的呼吸科和儿科,病患也明显增多。

雾霾的天气使医院中呼吸道患者人数增多,很多医院的呼吸科和儿科门前的患者排起了长队。近一周以来,北京儿童医院的日均门诊量都接近一万人次,其中30%是呼吸道疾病。

受大雾的影响,今天上午,天津到北京的高速公路全路关闭。河北省境内的18条高速公路,河南境内的7条高速公路封闭。在京哈高速卢龙段,等候出行的车辆一度排起了长队。几个地方的机场也出现了不同程度的航班延误。

专家解读:雾霾天气形成原因

造成这两天我国中东部地区出现大雾天气的原因是什么,我们来听听专家的分析。

中央气象台专家介绍,雾天是我国每年秋末到初春这段时间极易出现的天气现象,由于这两天影响我国的冷空气势力较弱,中东部大部分地区气温有所回升,这为大雾天气的形成创造了有利条件。

雾的出现使空气中的污染物很难扩散,加重了空气污染。在中科院大气物理研究所的这张图上,记者清楚地看到了北京这两天增加的主要污染物的变化情况。由汽车尾气和燃煤排放等转化而来的硝酸盐和硫酸盐等污染物质,这两天已增加了10倍甚至20倍。专家建议,要减轻污染,应该从减少污染源入手。

编后话:既然同呼吸 那就共责任

雾霾天气,人人都是受害者。那反过来说,减少雾霾发生,大家都可以出一把力。比如政府的环保政策要真正硬起来,落后产能必须淘汰出局;比如城市建设要换换思维,可不可以多些绿地,少些钢筋水泥;再比如党政机关作出表率,少开公车,有车族都来响应,大家一起减少尾气排放。雾霾笼罩之下,没有人可以独善其身。既然是同呼吸,那就共责任。喜欢蔚蓝天空和新鲜空气吗?就让我们从自身做起吧!

(中央电视台《新闻联播》编后话,2013年1月12日)

示例分析：编后话是在新闻节目中常见的一种形式。它用短短的几句话对前面报道的新闻表明媒体的态度，有说明、评价、建议、提示、表态、辩驳等多种样式。播音时，要注意和之前有关新闻报道的配合，读完四则新闻，不免让人心情沉重，但凡事我们都应积极、理性地面对，大家都要行动起来，共同为减少雾霾出一把力。播音员播读这段编后语时正应传递这种情绪和道理，要带着使命感和责任感发出倡议和号召，寓情于理，以理服人。

六、时评

示例六

马斌读报（节选）

家事国事天下事，事事关心。欢迎您第一时间听我马斌读报。

继续来关注一下假币，最近这段时间没少跟您唠叨这事儿，一般收到假币大多是买东西的时候，一不留神，得，收到一张，仔细一看，编号HD90。还有发工资的时候收到假币的，坐出租车的时候收到假币的，等等。不过《成都商报》说的这事儿就更离奇了，居然有人从银行的ATM机里取出了假币。谁呢？家住绵阳的钱先生。前两天他和朋友去餐馆吃饭，就从附近一个ATM机里取了1 000块钱。酒足饭饱之后，一结账，结果收银员发现两张百元假币，赶紧把剩下的800块钱也掏出来验一验吧，结果只有一张是真的。看着手里的900块钱假币，钱先生很无奈。取钱的时候没有打印取款票据，找银行吧没有证据，花出去吧又违法。所以根本不知道上哪儿说理去，只能是"打碎了牙齿往肚里吞"，"一声叹息"外加"自认倒霉"。

老百姓的血汗钱挣得不容易，《中国青年报》提出，打击假币不能让消费者独自扛，国家财政应该给予受害者一定的象征性的补偿，显示出政府感谢公民参与打击假币的诚意，并以实际行动来降低公民为打击假币所负担的成本。当然，为了防止不法分子有意拿假币到银行去进行"套现"，这种补偿应当限定在一个较低的水平内，至少要比假币的售价低，令企图"套现"者得不偿失。

那么国外对于收到假币的受害者是如何补偿的呢？《北京晚报》说，美国凡是租房或买房的人都会买一种保险，在保险的条款当中，基本上都有反假钞的条例。一旦收到假币，保险公司会给顾客理赔。而要是在银行的ATM机上取到假币，只要保留相关凭据并马上报告银行，一般情况下银行都会弥补顾客的损失。有人开玩笑说，现在验钞机大有成为"居家旅行必备之良品"的趋势，也从一个侧面反映了假币毒害之广。除进一步推广防假币知识之外，昨天央行上海总部还要求商业银行升级验钞机的反假性能。我觉得这只是一个方面，更应该做的是充分调动广大老百姓的积极性，使他们主动和假币做斗争。比如给受害者补偿、给举报者奖励，让假币无处藏身。

(中央电视台经济频道《第一时间·马斌读报》2009年1月14日)

示例分析：时评是对新近发生的各种新闻事件和时事问题发表的评论。播音时，注意和各相关新闻报道的配合，发挥时评快速、时效性强的特点。

七、谈话评论

示例七

文明旅游应该靠教育

新闻背景：

主持人：昨天上午，在台湾桃园国际机场退税柜台前，有大陆旅客因为排队问题动手打架。去年12月11日，从泰国曼谷飞往南京的亚航航班上，两名中国游客因提供热水及找零问题与空姐发生冲突，男游客将垃圾倒在过道上乱踩并辱骂空姐，女游客将一整杯热水泼在空姐身上。随着我国经济持续发展和居民收入稳步增加，旅游休闲日益成为居民生活的重要内容，但关于旅游中不文明行为的报道却屡见不鲜。不文明行为不仅会引发纠纷乃至冲突，还往往成为社会热议的焦点话题，让国家形象受到负面冲击。近日，国家旅游局发布信息表示，我国将从今年开始分级建立游客旅游不文明档案，制定并实施《游客旅游不文明记录管理办法》，通过联合有关方面，多管齐下，追责不文明游客。

国家旅游局今年开始将建立游客不文明记录档案

在今年1月中旬召开的全国旅游工作会议上,《游客旅游不文明记录管理办法》被提上了议事日程。国家旅游局局长李金早在会上透露关于不文明档案建立的初步设想:首先,从国家到省市的分级档案机制要逐步完善;其次,为了让不文明档案具有权威性和约束力,其将与航空、旅游饭店等相关行业联动。也就是说,通过信息的联网,各类旅游相关企业的配合,从而对有不良记录的游客的旅行及出行行为进行限制,甚至公开曝光。比如,航空公司可依据这样的记录决定是否给有过不文明行为的旅客售票,是否让其乘坐航班等。但旅游主管部门毕竟没有执法权力,"不文明档案"也只是一个通报,并没有相应的硬性处罚措施,比如没有严禁买飞机票、严禁住酒店、严禁外出旅游,等等。因此,下一步方案如何落地,还有诸多疑问未解。

国人不文明行为频发,旅行公司表无奈

针对旅游中的不文明行为,我们的记者进行多地走访。

在安徽马鞍山市的雨山湖公园,保洁员张阿姨向记者表示,很多不自觉的市民在这里乱丢垃圾,只有部分年轻人爱护环境不乱扔垃圾。在一家以出境游为主打的旅行社,已经有9年带队经验导游小张告诉记者,她国内、国外的团都带过,见过的游客不文明行为也是五花八门。

导游小张:在国外旅游时,经常有游客在餐厅大声喧哗、划拳、斗酒,上厕所不冲水、插队、迟到,在飞机上、汽车上脱袜子,等等,有损中国人的形象。

河南新乡有多年旅游行业从业经验的翟小姐告诉记者,自己每周都要发团,所接触的游客大多都是去河南新乡南太行山一脉的景区。每逢大的节假日,从出门上车排座到景区排队进门,再到景区观光浏览,没有一处不发生争执和闹事的。"人越多出的事就越多"是她总结出来的一个规律。

翟小姐:从咱们客观情况来看就是因为人多,人多就容易急,一急的话秩序和道德规范啥都没了。不是说咱们所有游客都不好,只是说确实会有一部分特别心急的游客不太会顾忌别人的感受。

在长春市一家大型旅行社担任总经理助理的王洪斌从业多年,从国内导游,到出境游领队,王洪斌遭遇过的不文明出游行为难以计数。

王洪斌：乱扔垃圾、不排队、大声喧哗这些都是国内游客习惯性的毛病。有一次去澳大利亚、新西兰，在机场候机室等登机，飞机晚点了，当安检人员叫大家来登机的时候，大家一拥而上冲了过去，当时在场的各个国家人都有，只有咱们中国旅游团的人呼到门口。

王洪斌说，虽然每次带团，尤其出境游时，旅行社工作人员都会特别强调注意事项，但总有游客一意孤行，有时甚至给团队惹来麻烦。对于相关部门出台政策建立游客不文明档案，王洪斌坦言，仅靠监督建档很难从根本上解决问题，因为从利益角度出发，旅行社现阶段不会因游客有不文明记录而拒绝为其提供服务。

街头采访：应把不文明记录联网

对于《游客旅游不文明记录管理办法》的酝酿，很多民众在接受采访时表达了自己的态度。有市民表示，不文明档案会起到一定的积极作用，但应与其经济利益挂钩，起到更大的约束作用。如果只是说一说不痛不痒的话，其作用就会十分有限。

另外有市民表示，抵制不文明行为首先要从教育入手，以人为本，使家庭、社会、单位合为一体，形成共同的格局。

还有市民认为，要把记录档案联网、汇总。将来找工作、参军入伍、入学、贷款购房等方面都相应地设立一些惩戒的措施，给有不文明行为记录者造成麻烦。

观察员评论：文明旅游应该靠教育

对于不文明游客档案的建立，观察员潘采夫表达了不同的观点。

潘采夫：我内心是不太赞同用惩罚措施解决旅游中的不文明问题的。我一直坚信文明的问题应该用教育的手段、提高素质的手段慢慢来。如果采用强制性的手段杜绝不文明行为，即使以后秩序变好了，这种做法在原则上也是不正确的。

观察员郭静认为，造成游客不文明行为频发与国民教育有很大的关联。旅游中的不文明行为并不是旅游本身所带来的，很多国人在不旅游的时候也会有不文明行为，在日常生活中就对自己约束不够。要改变这样的现象，很重要的一点是要把中国传统文化里的"内省"观念带给下一代,在潜移默化中让孩子成长为讲文明的公民。

(中央人民广播电台《央广夜新闻》2015年1月25日)

示例分析:播谈话评论时,一定要抓住"谈"这个特点,像和对方谈心一样,对象感要很强,语言应该亲切、自然、朴实、顺畅。

播读这类评论应注意两点:一是这类评论对事实有褒有贬,所以对"亲切"不能片面地理解成"笑眯眯"。二是"谈"这个特点也不能简单地理解成说日常的大白话。其实,不同的人说话的习惯也不尽相同,所谈论的事情不同,"谈"的方式也会不同。

八、录音述评

示例八

中国保护知识产权不是权宜之计

记者:昨天上午在国务院新闻办公室举行的中国知识产权保护新闻发布会上,国家知识产权相关部门负责人坚定地表示,"中国保护知识产权不是权宜之计"。

去年,国务院颁发的《国家知识产权战略纲要》进入实施阶段,中国的知识产权事业进入科学发展的全新局面:全年共受理专利申请82万多件,同比增长两成;打击盗版、规范市场秩序的力度进一步加大;查处冒充专利案600多件,各类商标违法案5万多件,案值达4.6亿多元;我国知识产权法律体系也日臻完善。

国家知识产权局局长田力普:《专利法》第三次修改在去年已完成,这部法律将在今年的10月1日起正式实施;工商总局加快了《商标法》和《反不正当竞争法》的修订进程,推动了《商标代理条例》的立法进程;国家版权局完成了《著作权法》第二次修改的调研工作。

记者:本周一,在中国知识产权宣传周开幕式上,世界知识产权组织总干事弗朗西斯·高锐称赞"中国用如此短的时间,在知识产权领域所取得的成就改变了世界创新的版图,也极大影响了其他国家"。

全球性金融危机形势下,一些企业仍然在快速发展,表现出很强的抗风险能力。国家知识产权局局长田力普以国际专利申请最多的广东华为公司今年销售增长46%为例证明。

国家知识产权局局长田力普:一个重要的原因就是这些地区具有比较好的知识产权环境,培育了一批具有自主品牌和核心技术的有竞争力的企业。这些企业能够提供高附加值的产品,使他们的生产和出口不降反升,这给了我们重要启示。

记者:目前"山寨文化"很流行,中国政府如何看待?

国家知识产权局局长田力普:从知识产权的角度来分析"山寨现象",凡是创新的我们都赞赏、鼓励,凡是侵犯他人权利的我们都不支持、不赞成。一个研究机构写的报告指出,有相当一部分山寨手机已经涉嫌侵犯他人的外观设计专利权和商标专用权。我认为这种现象不值得做任何肯定,因为他们已经涉嫌违法。

(中央人民广播电台《新闻和报纸摘要》录音述评2009年4月22日)

示例分析:

录音述评是广播评论特有的一种评论形式,现场感强,播音时要注意与现场音效相配合。

第三节　训练稿件

一、社论、本台评论

稿件一

最美中国红

现在播送本台评论《最美中国红》。

今天是你的生日,我的中国! 走过61年峥嵘岁月,今天中国红格外耀眼。

中国红,从历史走来。在飘扬的五星红旗下,我们用最庄严的方式,向为中国人民解放事业和共和国建设事业英勇献身的烈士们致敬。中华儿女的不懈奋斗和艰辛探索铸就了我们今天的辉煌。

中国红,与世界同行。5个月的成功运行,上海世博会和全世界一起思考未来。中国国家馆日向世界展示传统与现代融合的灿烂文化,演绎和而不同的东方智慧。发展中的中国,有责任、有担当,与世界携手共赢。

中国红,向未来进发。嫦娥二号直冲霄汉,寄托国人梦想,推动人类和平利用太空。我们的未来,像星空一样辽阔和瑰丽。

中国红,中国心。神州儿女对祖国的生日祝福,将化作团结奋进、续写光荣的强大力量。

(中央电视台《新闻联播》本台评论2010年10月1日)

训练提示:播音时,突出严肃庄重的特点,语调昂扬向上。

稿件二

贵州新精神的启示

激荡高原,豪情贵州。中央台采访团贵州走转改,7个昼夜,3000多公里的颠簸,所到之处,所见所闻,感受了贵州新转折,体会了贵州新精神,对贵州的明天充满了憧憬和信心。

贵州是一片神奇的土地:八山一水一分田,环境艰苦、条件恶劣;贵州是一片美丽的土地:几十个民族的人民勤劳善良、坚忍顽强;贵州还是一片不屈的土地:经济总量虽然暂列全国下游,但近两年的步伐、增速却惊人地排到了全国前列,后发赶超、令人刮目;贵州更是一片伟大的土地:77年前,生死存亡的中国革命在这里峰回路转,走向胜利。

要建设,要发展,今天的贵州人更加求真务实、脚踏实地。他们不甘人后:明确提出"无奈不是贵州人不变的常态",要用最短的时间,把在全国奔小康路上落后的距离赶回来。去年,全省城镇居民可支配收入、农民人均纯收入、外贸进出口、财政总收入等多项指标的增长速度都进入全国前十位,有的还排进了前三,今年一季度发展势头继续昂首上扬、增速不减;前进路上,贵州各级党委政府、广大党员干部积极锻造精神高地,吹响了"用干部辛苦指数提升百姓幸福指数"的新时期冲锋号,在率领各族群众脱贫致富的征途中,处处能看到新党员、老支书、技术员、村干部凝心聚力的坚实身影。

暂时落后不代表永远沉沦,构筑精神高地就有攀登目标。贵州大地的勃勃生机,贵州人的实干勤勉、奋力爬高,感动了我们,激励着我们,也给了我们全体新闻工作者一个宝贵的启示:明确的目标、坚定的信念和扎实的行动是我们各项事业蓬勃向上、继往开来的根本动力。

新闻工作者只有双脚踩实大地,话筒伸向群众,镜头对准生活,像贵州的党员干部一样,努力构筑起自己的精神高地,我们的报道就一定会涌现鲜活的形象、感人的情节、真实的生活和高尚的灵魂。走转改,贵在走得深、转得实、改得真;走转改,我们共同在路上。

(中央人民广播电台《新闻与报纸摘要》2012年5月10日)

训练提示:本稿件政治性、指导性、针对性强,篇幅较长,播讲难度较大。播报时要严肃庄重但不失平和。

二、评论员文章、本台评论员文章

稿件三

破格提拔干部要从严

严格标准、严格程序、严明纪律,坚决整治不正之风、确保选人用人风清气正,是中央三令五申的明确要求。选拔任用干部包括破格提拔干部,一定要落实从严治党方针,选人标准决不能降低、选人程序决不能成为摆设、选人结果决不能失去公正,对违规用人、失察渎职的要严肃查处、坚决追究责任。

从严要体现在严格标准上。中国特色社会主义事业是面向未来的事业,需要大批优秀年轻干部接续奋斗。破格提拔可以为优秀年轻干部脱颖而出拓宽渠道,为破除论资排辈、平衡照顾提供平台,为优化领导班子结构、实现干部队伍新老交替储备人才。《党政领导干部选拔任用工作条例》规定,"特别优秀的年轻干部或者工作特殊需要的,可以破格提拔"。《公开选拔党政领导干部工作暂行规定》强调,"根据选拔职位对人才的需求和选拔优秀年轻干部的需要,可以对报名人员的职务层次、任职年限等任职资格适当放宽。但报上一级职位的,需在本级职位任满一年;越一级报名的,应当在本级职位任满四年;不得越两级报名"。可见,"破格"也是有规矩的,不是破选拔任用标准的"格",而是标准更高,必须"特别优秀"或"特殊需要",必须基于"对人才的需求",不允许把破格作为不遵循原则和规定的借口,不允许借破格之名、行谋私之实。要坚持五湖四海、任人唯贤,坚持德才兼备、以德为先,坚持注重实绩、群众公认,真正把那些经过艰苦复杂环境磨炼、政治坚定、作风优良、实绩突出、清正廉洁的优秀干部选拔上来。

从严要体现在严格程序上。严格按程序办事,是选准用好干部、防止用人上不正之风的重要保证。破格提拔干部,选用程序要更严密,把民主推荐、组织考察、个别酝酿、讨论决定各环节工作做得更实、更细。组织考察要更深入,全面了解干部的德才素质、工作业绩、一贯表现、群众口碑,掌握人选的真实情况。公示范围要更广泛,说明破格提拔的具体情形和理由,公开选拔的过程和干部基本信息,防止暗箱操作和"潜规则"。审核把关要更严谨,凡是涉及破格提拔的,启动前必须按照规定向上级组织部门报告,任用决定前也要报经上级组织部门同意。上级组织部门一定要严格把关、从严掌握。

从严要体现在严明纪律上。用人纪律是"高压线",破格提拔干部要不折不扣执行"十不准"要求。要按照有关规定,严格执行党政领导干部任职回避制度。要全面把握干部政策、各级领导班子的年龄要求,防止片面追求低龄化倾向,防止连续破格提拔,防止降格以求、拔苗助长。要重视发挥举报机制的作用,畅通电话、网络、信访等监督渠道,严肃认真、依法依规查处反映出来的问题,决不姑息。

严格标准、严格程序、严明纪律,各级党委和组织部门承担着重要责任。要坚持原则、勇于担当,公道正派、选贤任能,坚持以好的作风选作风好的人。对不符合标准、不符合程序的,一律不上会、不上报、不审批。领导干部特别是主要负责同志要以身作则,坚守选人用人的政治责任,坚决抵制不正之风,切实提高选人、用人公信度。

(《人民日报》评论员文章 2013 年 5 月 17 日)

训练提示:本稿件突出"严"字,播报时要严肃认真。

稿件四

刹住浪费 管好三"公"要遏制的浪费不止在舌尖上

主持人:这两天,我们集中关注了社会上存在的浪费问题,公款消费,谁在消费?为什么会有浪费?怎样管住这些浪费现象?现在马上连线本台特约评论员杨禹。杨禹,你认为遏制铺张浪费之风,应该从哪些方面入手?

杨禹:我们刚刚看到了"舌尖上的浪费"确实触目惊心。我归纳了三个"公"字:公款、公务人员、公众。我想我们要刹住浪费就要从管住这三个"公"开始。

第一个"公":公款。我们党政部门要规范公务接待,很多地方开始使用公务卡,包括制定了详细的餐饮的标准。你看,管得住的地方,舌尖上的浪费必然少。管不住或者不去管的地方,浪费成为必然。

第二个"公":公务人员。很多饭桌边上坐的是公务人员,可是买单结账的呢,是老板,或者是形形色色的"朋友"。我们公务人员的行为要规范,公务人员手里的权力也要规范,把权力放进制度的笼子里,(那么)饭桌上寻租、获益的空间就会被压缩,浪费就会减少。

第三个"公":公众。就是咱们每一个人。你看,点几个菜,打不打包,看上去是小事,其实关系到我们勤俭节约美德能不能够传承。

"舌尖上的中国"很美好,但是"舌尖上的浪费"很可耻。我们要把遏制"舌尖上的浪费"跟我们整治"庸懒散奢"这样的不良风气结合起来,跟有效地防治腐败结合起来,跟我们形成艰苦奋斗的社会风尚结合起来。

我们眼睛里还有一些浪费也是揉不进去的沙子,比如说:能源的浪费、土地的浪费、贪大求洋的城市建设带来的浪费,还有一些地方因为浮夸的文风、会风、作风所带来的浪费。

遏制浪费，我们不妨就从舌尖开始。遏制浪费，需要制度约束，需要党政干部先做表率，全体人民一起努力。

（中央电视台《新闻联播》特约评论员 2013 年 1 月 23 日）

训练提示：本稿件对当下社会上的浪费情况作了总结，指出遏制浪费应该全民参与。播报时，对各类浪费情况的表述要有层次感，说明问题的严重性。

三、短评、本台短评

稿件五

灭公款消费"虚火"

今年头两个月，作为"三驾马车"的消费增速掉头变低，引起了相关部门的关注。其中，餐饮业收入增速仅仅为 8.4%，限额以上企业餐饮收入甚至下降了 3.3%。影响统计数据波动的因素很多，"八项规定"与"禁酒令"无疑是重要原因。

自中央倡导转变作风，全国兴起"厉行节约、反对浪费"以来，各地整饬公款消费成效显著。一些与之相关的高档餐饮及名酒消费下降明显，对消费增速存在局部的暂时性影响。但正如商务部发言人所说："反对奢华浪费和扩大消费的目的是一致的，不是矛盾的。"一方面，节约下来的公共财政资金可以投入更为广阔的民生改善空间，为消费需求可持续扩大注入正能量；另一方面，被公款吃喝推高的消费无异于一股"虚火"，当税收更多藏富于民，而非用于官场应酬的纸醉金迷，真正健康的消费市场才会发育成形。

"要让人民过上好日子，政府就要过紧日子。"事实上，三公经费省一分，民生支出就可能多一分，老百姓的消费能力与信心也会随之提振。可以说，公款消费下降是居民消费增长的"必经之路"，虽有阵痛，但利于长远，也是各经济体拉动内需、促进消费的共同经验。

（《人民日报》短论 2013 年 3 月 29 日）

训练提示：本稿件对政府转变作风过程中的暂时性"负面影响"作了分析。播报时，态度要严肃认真，引起人们的重视。

稿件六

社会呼唤爱心接力

我台从 3 月 29 日开始在新闻频道和《新闻联播》连续推出《"爱心小院"蹲点日记》，讲述河北省洼里村高淑珍 14 年来照顾 39 名残疾孩子的感人故事。

14 年如一日的坚持，让我们看到了高淑珍身上朴素而深沉的大爱。爱可以传递，也可以感染。在高淑珍的感召下，她的女儿、女婿和志愿者任丽华等人都加入到爱心接力队伍。相关政府部门和社会组织也加入了这场爱心长跑，为这些残疾孩子提供帮助。社会呼唤爱心，当更多的爱迸发出来时，不仅这些残疾的孩子拥有明亮的未来，我们的社会也会更加温暖。

（中央电视台《新闻联播》本台短评 2012 年 4 月 10 日）

训练提示：本稿件通过一个感人的故事点明社会呼唤爱心的主题。播报时，态度应温暖柔和、积极向上。

四、述评

稿件七

【新闻回放】

衡阳司法局正副局长互殴　组织部出面双方"言和"

"衡阳市司法局长党委会上暴打副局长！"10 月 10 日下午，有网友在微博和论坛上爆料。"正副局长互殴"很快引发各方关注。

据悉，当天会议讨论一位在衡州监狱工作的女同志调至衡阳市法律援助中心问题时，副局长廖曜中表示不同意。作为分管领导，他认为调动程序不合理，且法律援助中心"逢进必考"。

由于意见相左,局长万春生与副局长廖曜中发生肢体冲突。廖曜中称,双方都在打斗中受伤,但万春生先动手。

昨日,在衡阳市委组织部的介入下,双方签署了一份"握手言和"声明,但廖曜中在接受记者采访时明确表示,和解是"被逼的,不过废纸一张"。

公事公办咋异化成私怨

几天前,在湖南衡阳市司法局党委会上,就分管范围内的人事安排表达不同意见的副局长,居然被局长在大庭广众之下施以一顿老拳,继而演变成"互殴",实在令人瞠目。

事情原委需有关部门调查核实并公之于众,此前无法妄议,但是这种"用拳头说话"的蛮横家长式作风极大地损害了当地司法部门的公信力。党委会本就该允许充分表达不同意见,提倡民主决策,不可变成"一言堂",更别说如此张狂地以拳头代替党内民主。

从目前披露的情况看,该副局长提的反对意见并不出格。作为分管领导,这次调动他事先不知情,程序有问题。更重要的是,拟接收单位法律援助中心要求"逢进必考",申请者在"硬件"上有瑕疵。

理由站得住脚,提意见的方式也符合程序,这样的"公事公办"为何惹得顶头上司大打出手呢?

除了个人素质方面的原因,更与基层治理面临的复杂语境有关。真正做到"公事公办",需要十分完备的法律规定和普遍较高的法治意识。而当两者都有欠缺时,遇到事情是公事公办,还是灵活把握?这基本上就"存乎一心"了。

现实中,"灵活把握"往往不是对法定规则的合理运用,而是随意突破。而当引发这种"灵活把握"的打招呼、托关系因普遍存在而获得合理性时,"公事公办"就会被异化成"例外",乃至被视为有针对性的"态度",甚至被当成"私怨"。

这种对"公事公办"的异化,与法治社会不相容。上级组织部门更不该默许这样的官场潜规则,况且随意殴打他人,已经侵犯了基本的人身权,是法治意识极为淡薄的表现。

(《人民日报》述评 2011年10月14日)

训练提示：注意新闻中"叙"和"议"的不同。

稿件八

规划打架 新路"开膛"

几天前，郑州市城乡建设委员会的网站上公布了一条消息：郑州市北三环下穿编组站工程彩虹桥下穿隧道"正式通车"。但是5月21日，在这条投资3.7亿、历时近3年才建成的高等级公路通车一周之后，记者却在现场拍到了这样的景象。为什么会这样？请看记者的调查。

5月15日道路通车时媒体刊发的照片与5月21日道路被再次挖开时的现场对照，在同一个地方，道路的快车道上，再次被挡起施工拦板，路面被挖开一个大坑，路经车辆只能从旁边绕行。对此，过往民众议论纷纷。

为什么刚刚通车的路要再次挖开？记者找到了事发路段的项目负责人陈君。他说，5月21日重新挖开的路，5月23日就已经被再次填上了。同时，虽然事发路段已经通车，但并没有施工完毕，道路还有最后的一层油没有铺。

虽然没办交工手续，但5月15日通车时，事发快车道的路面主体工程已经完工，达到了通车条件。而5月21日的再次开挖，陈君说是项目部协调和安排的，主要目的是为了挪移埋在快车道下面的自来水以及雨污水管道。那么，为什么管道铺设不能一次到位，非要在路面主体已经成形后再次挖开施工呢？

陈君说，自己负责的北三环下穿工程，去年所有的地下管线就已经全部按照规划铺设到位了，随后才进行的地面成型。但今年3月，在事发地点要上马一个新工程——京沙快速二期，而这个新工程和自己刚修好的路在规划上出现了"打架"。京沙路有8根墩柱与北三环冲突，长度大概120米。这120米，从地面到地下都要改道。两条路都重要，为什么会出现冲突？

带着疑问，记者来到了郑州市规划局。据郑州市规划局交通处副处长岳崇君介绍，早在2008年，京沙快速二期方案就已经确定，但当时认识水平有限，没有想到郑州的发展会这么快，所以并没有规划其与北三环路的连接。一直到2012年5月，郑州市城乡建设委员会启动京沙二期的前期论证，设计单位提出新的优化方案,多方讨论后,郑州市规划局决定修改规划,其中包括新增一条两条道路连接的匝道。

规划局说,2012年8月就把最后的方案提交给了道路建设管理单位——郑州市政工程建设中心。当时,北三环下穿工程正在建设中,并且和新规划的京沙二期工程同属于郑州市政工程建设中心管理。那么为什么郑州市政工程建设中心没有进行两个工程的协调,及早进行管线的挪移以及作出被占用快车道的避让施工调整呢?

郑州市政建设中心说,虽然自去年5月份就知道要调整,8月份就拿到了规划许可,但一直到今年3月份,京沙二期才出来正式的施工图纸,才知道两个工程重合的确切位置。

一方面,新项目论证需要时间,但另一方面,郑州市的交通压力也亟待缓解。于是,原定于6月份竣工通车的北三环下穿工程,在5月15日提前通了车。考虑到两个工程的重合和管线的挪移,事发100多米的路段虽然完成了快车道的主体工程,但还是留了一层沥青油面没有铺。于是,就出现了节目开始的一幕。

据陈君介绍,此次给新路"开膛"挪管道,两天的时间花了10万元左右,下一步挖开的路面还需要重新上油成型,而这其实只是个小头,新增匝道中的8根柱子占用了事发路段刚刚修成的近120米的快车道。为了保障通行,整条路还需要右移扩建出来一条长200米,宽7.8米的新路。这个工程根据中铁咨询设计院和上海市政院这两家沟通,评估暂定需要310多万元。

城建各方的观点归纳起来,无非是说"计划没有变化快"。这种观点其实并非全无道理。城市大发展,时代大进步,千军万马、千头万绪,想要处处完美,当然不可能。我们更不能因为干工作可能出问题,就停滞不前。但是发展需要"科学",这包括"科学地规划、科学地统筹、科学地执行",否则,就会出现反复,造成浪费。其实,建了就扒、拆了又盖,这样的事我们见过不少。尽管现象各有不同,但病根却都是这一个。

(中央电视台《焦点访谈》2013年5月31日)

训练提示:全文较长,播读前注意分析事实与各论点之间的逻辑关系,找到评论的重点。

五、编后话

稿件九

**工信部部长李毅中接受中央台记者采访：
要通过调结构 在实体经济层面夯实经济增长基础**

解说：今年以来，中央应对国际金融危机、促进经济平稳较快发展的政策效果逐步显现，工业增速下滑势头得到遏制，企稳回升态势趋于明朗。但在基层有着丰富工作经验的李毅中不忘提醒，除了在宏观经济层面继续实施保增长措施外，更要通过调结构，在实体经济层面夯实经济增长的基础。

李毅中：任何时候，在抓好宏观调控的同时，一定不要忘记微观经济基础。企业是微观经济基础，一个健康、平稳、又好又快的经济发展的宏观形势，必须要有健康的微观细胞。当然不是计划经济下干预微观经济、干预企业，而是在市场经济条件下，企业是市场主体，为它创造环境，为它服务。

解说：去年大部制改革中，工业和信息化部是带给人们最多想象空间的一个部委。这个全新部委的组建背后，是决策层对中国工业的一种全新布局，代表着未来中国工业发展的某种方向。对此，作为工信部掌门人的李毅中有他自己的理解。

李毅中：工业化和信息化是在工业和经济发展过程中的两个阶段：对于国外来说，是先工业化后信息化；对于中国来说，进入 21 世纪，我们不能再走先工业化后信息化的路子。所以在十六大就提出，工业化和信息化要融合。十七大进一步重申了这个观点，而且提出来中国特色的新型工业化道路。说到应对金融危机，一定要考虑用信息化技术来提升工业化水平。在全球经济复苏以后，我们不要拉大和西方先进国家的差距，而是要缩小甚至赶上这它们。所以我们现在越来越看到工业化和信息化融合的重要性。

解说：提到"中国特色的信息化道路，信息化和工业化融合"，"两化"融合的切入点到底在什么地方？另外，在金融危机的背景之下，应该如何提升我们的传统产业,提高我们国家工业化的水平呢?

在回答这个问题时,李毅中介绍说,首先,工业产品的品种研发和设计要实现计算机化,生产过程要实现自动控制,企业管理水平的升级以及人、财、物各种资源的优化组织,包括物流都要实现智能化的管理。李毅中在访谈过程中特别谈到金融危机背景下"两化"融合的问题时,结合了最近一段时间在信息技术领域比较热门的两个词汇,来自于美国的两个名词,一个是"智能地球",另一个是"物联网"。

李毅中: 大家注意到奥巴马政府现在对网络信息非常重视,其涉及经济的发展、社会的进步,还有国家的安全等。所谓"智能地球"实际上就是"两化"融合,把互联网和"物联网"结合起来就是"智慧地球",把已经有的物流,已经有的各种生产要素优化组合,这种优化组合不是靠人脑,而要靠计算机,靠电子信用技术,这样确实在原有基础上投入更少、成本更低、效益更好。这恐怕是将来金融危机以后,引领经济发展的一个制高点。

编后话: 所谓"物联网"(Internet of Things),指的是将各种信息传感设备,如射频识别(RFID)装置、红外感应器、全球定位系统、激光扫描器等种种装置与互联网结合起来而形成的一个巨大网络。其目的是让所有的物品都与网络连接在一起,方便识别和管理。"物联网"是利用无所不在的网络技术建立起来的,其中非常重要的技术是RFID电子标签技术。

(中央人民广播电台《新闻纵横》编后话2009年8月28日)

训练提示: "编后话"介绍了一个新行业,播读时要重点突出对新行业基本情况的介绍。

稿件十

博士西部创业 基层成就梦想

"到基层一线去,到祖国最需要的地方去",北京大学就业指导服务中心从2010年起推行"家国战略",鼓励、引导应届大学生到基层、回家乡建功立业。北大物理学院的2013届博士生王伟就是这样一位践行者。

1985年出生的王伟就读于北大凝聚态物理专业,今年由他参与主导的"可弯曲式太阳能电池"研发项目已经提交了三项专利申请。

凭借这项专利,王伟也不难在大城市或大企业找到一份好工作,但他却作出了毕业后到广西基层工作的决定。让王伟作出这个决定的直接原因是,2012年他参加了北京大学就业办公室组织的赴广西北海为期一个月的社会实践活动。在这期间,他调研了当地的工业规模和社会民情,起草了当地石油化工产业链的改善计划。

经过认真考虑,王伟参加了今年广西公务员选调生考试,最终被录取到防城港东兴市发改局工作。他计划把自己在学校里对新能源的研发技术和科研成果带到基层去,为那里的工业发展贡献一份力量。今年,北京大学应届毕业生中和王伟一样选择去基层一线工作的硕士生和博士生超过200名,连续三年每年递增10%以上。

编后话:

从王伟的就业选择,我们看到一名当代学子的志向。基层一线最需要人才,基层也是大学生施展才华的大舞台。在这个大舞台上,找到适合自己的人生坐标,照样能够实现青春梦想。

(中央电视台《新闻联播》编后话2013年5月19日)

训练提示: 本稿件通过个人事迹,讲出人生的大道理。播读时,声音要自然亲切,切忌生硬。

六、时评

稿件十一

加速培育国内光伏市场

6月4日,欧盟公布对中国光伏"双反"的初裁结果:决定从6月6日至8月6日,对涉案的中国光伏产品征收11.8%的临时反倾销税。作为我国光伏产品重要的出口目的地区,欧盟此举无疑让中国光伏产品出口雪上加霜。

近年随着德国、意大利等国大幅降低光伏发电补贴标准,我国光伏产品出口严重受阻,国内市场份额迅速提高。2009年,国内光伏电池产品仅约2%安装在国内市场,而2012年达到了35%。光伏产品市场重心向国内市场转移是大势所趋。大力开拓国内市场,不仅是当前消化过剩产能、化解行业危机的迫切需要,更是保障我国能源供给、促进低碳发展的需求。

开拓国内光伏产品的应用,在政策上要更多地鼓励分布式太阳能发电,支持家庭和企业自发自用。集中式的太阳能发电站面临并网难、远距离输电成本高、损耗大等问题,对局部地区自然环境还会带来潜在危害。因此,在补贴等政策上,应当更多地鼓励家庭和企业"自发自用、余量上网"的模式,推广分布式发电,实现就近并网、降低环境风险。在日本,目前96%的光伏发电由分布式光伏系统所提供。国家电网此前出台的并网措施为分布式太阳能发展创造了一定的条件。

当前,还亟须完善光伏发电的补贴政策。目前,分布式发电个人用户大概需要20年左右才能收回投资成本。短期内,光伏发电投资仍然面临成本高、收益低的问题。我国不存在欧盟所指责的对光伏生产企业进行补贴的问题,但在推广应用的需求上仍需政府适当补贴,政策"空窗期"太长容易使相关企业和用户信心受挫,业界呼吁已久的以发电量为基础的度电补贴政策应当紧紧跟上。

此外,我们还应避免地方保护主义政策,鼓励行业竞争,推动光伏系统生产成本进一步降低,使光伏发电平价上网的时代尽快来临。唯有成本与收益相对平衡,才能真正培育好国内市场,加强光伏产品在国内的推广应用。

更重要的是,在下一步加快发展分布式发电的过程中,还应简化管理程序。我国在过去几年的实践中,对分布式光伏发电项目建设的程序简化并未落到实处。有的地方政府在很多环节管得较死,有时候一个项目审批下来要盖几十个章,加上屋顶资源协调的难度和不确定性,给加速发展带来了不少困难。

(《人民日报》经济时评2013年6月6日)

训练提示:本稿件通过分析光伏市场现状,对如何消化过剩产能、保障我国能源供给提出一些建设性意见。播报时,要重点突出这些建设性意见,语速适中,对专业性词语的发音要准确到位。

稿件十二

第一时间·王凯读报

家事国事天下事,事事关心。欢迎您第一时间听我给您读报。

《中国青年报》说卫生部部长陈竺昨天在全国卫生工作会议上,在回顾去年医改进展的同时,全面部署了2010年中国深化医改的各项工作,公立医院改革试点将成为其中的"重头戏"。2010年公立医院改革试点地区的二、三级医院,也将启动实施基本药物制度,改革将进入实施阶段。今天我们就来关注一下和我们关系密切的医改。

2009年年底,江西农民徐日升的妻子因胆囊结石住院7天,总共花费6 900多元,出院结账时,新型农村合作医疗报销了近4 000元。这让老徐喜出望外,而这一切都得益于去年4月,在全球金融危机寒风中出台的中国新医改方案。新华社说,方案明确提到,在未来3年,中国将投入8 500亿元推进新医改。而这不仅体现了党和政府对于改善民生、解决"看病难、看病贵"问题的努力和决心,也显示了中国政府挑战世界级难题的可贵勇气和智慧。

《新华每日电讯》说,江西45岁的文良妹一家都参加了新农合。2008年一家人身体都很健康,没切身体会到参合的好处。去年上半年,村里组织没享受过新农合报销的妇女参加免费检查,文良妹就查出了需要注意的一些病症。文良妹说:"现在可以免费检查,早点查早点治,对身体也有好处。"在农村有这样一个顺口溜:"无病定期查,感冒把药拿;大病不用怕,合作医疗来救驾。"一张小小新农合证,不仅解决了8亿多农民的健康问题,更像护身符般让他们在生产生活中少了后顾之忧。

新农合造福着农村兄弟,而社区医院也正成为城市居民的香饽饽。《新华每日电讯》说,姚晓非在长沙一家社区卫生服务站工作。这天她接诊了一名发烧的小男孩,小男孩跟着妈妈在省儿童医院排了近一小时的队也没看上医生,没有办法,已经深夜了,孩子母亲只好带着孩子冲进了离家很近的这家服务站。经过半小时诊疗,男孩的高烧开始减退,医药费总共也就75块钱,这让男孩的母亲感慨万分,原来天天路过从来不敢进,没想到这小医院这么方便。国家医改的一个重要内容就是不断升级,让人民就近看得好病,看得了病,成为主要的求医方式。

看病有了改变,买药呢?早饭后服一片"降压0号",对于61岁的北京市民张福欣来说,是他每天生活中一项必不可少的程序。对于买药,张大叔可有窍门:不去大医院,不去商业药店,每月只去离家不远的社区卫生服务中心。新华社说,自从去年8月国家基本药物制度实施以来,所有公办的基层医疗机构不仅要全部配备和使用基本药物,而且要实行零差率销售。像张大叔买的这种药,发改委就公布了零售指导价:30片一盒的最高售价为28.8元。老百姓得了实惠,对医院来说,其实也减轻了包袱。医生减轻了推销药品的压力,把所有精力都用来为患者精心诊治。

新医改艰难起步后走过的近一年时间,我们看到了丰硕的成果。这更让全国百姓都看到了解决"看病难、看病贵"问题的曙光。当然,还有部分措施我们仍在翘首以盼,不过新医改并不是"速效救心丸",我们需要给它一个"药效"扩散的时间来观察和体会。

(中央电视台经济频道《第一时间·王凯读报》2010年1月6日)

训练提示:读报往往信息量很大,所以要注意信息量与语速间的关系。另外,读报时往往会穿插即兴评论,表达时要自然亲切,逻辑上要思维缜密。

七、谈话评论

稿件十三

寻找绿色生产力

主持人:如果浓缩最精练的一句话,用什么样的语言告诉大家我们找到的让山更青、水更绿的智慧究竟是什么?

刘海莹(塞罕坝机械林场场长):尊重自然、尊重科学。

陈忠强(江苏省宜兴市周铁镇党委书记):关停、转型。

主持人：刚刚记者把那么美的塞罕坝带到我们面前的时候，我们都非常地好奇，因为50多年前它并不是这样的。这一棵棵的树到底靠人工还是靠机械，是什么力量让我们今天看到满眼的绿？

刘海莹：我们厂名叫机械林场，确实当年建厂时用机械栽过树，但是由于地形限制，机械栽树的面积不足十分之一，其余都是人一棵一棵栽的，用这种工具和鞋，我们河北温度低，所以需要保暖。

主持人：凭着什么信心认为树可以成活的？

刘海莹：我们那里说，"树三分种七分管"。"三分种"指的是把树种下去，"七分管"，树种下去后必须管，特别是冬季防火时期，他们住在望火楼，只能喝雪水，吃干粮，每15分钟就得观察一次。

主持人：(翻开记录本)确实是15分钟记录一次。

刘海莹：我们厂总共有九座望火楼，其中有八座望火楼是夫妻在那，有一对夫妻是1984年上的望火楼。

主持人：谢谢记者分享的感人故事，其实我想我们内心有一个共同的心愿，我们不希望奉献就意味着吃苦，当他们作出那么大成绩时候，我们不希望他们还生活得那么清贫，有没有人建议你们这么大片林子我们砍一些去改善一下我们的生活，发展当地的经济？

刘海莹：个别不了解这块林子，或者对林业经营、法规不太了解的人说过这样的话，但是对于我们来讲，我们的底线是有的，以发挥这块林子的效益，不破坏它为最低底线。老同志们说，当年付出的辛苦和现在的成效是值得的。应该让它产生更大的效益，发挥更大的功能，不是单纯地留给自己，要留给祖国。

主持人：他们舍不得砍，但说到"砍"字呢，坐旁边的陈书记是有经验的。陈书记他们不是忙着砍树，是忙着砍掉一些企业，这个就要说到跟当年的太湖污染有关的事了。其实我知道砍掉的这些企业很多是跟百姓的生计有直接关系的，你们为什么一定要砍，不砍难道不行吗？

陈忠强：不行的，因为我们周铁镇的地理位置比较特殊。我们周铁镇是沿太湖分布的，所有的村庄、企业，因为我们在苏南，我们乡镇企业起步也非常早，(20世纪)七十年代开始的时候，那时候没有这种环保的意识，所以创办了一批的化工企业。

主持人:大概是什么样的数字级别?

陈忠强:300多家。

主持人:它们会在当地的GDP的比重占多高?

陈忠强:最多时候有三分之二,所以发展到九十年代的时候,我们周铁镇就成了化工之乡,成了化工重镇,但是我们的环境的容量也越来越小了。到2007年,太湖水质危机爆发的时候,成为我们周铁镇的最后一根稻草,我们感觉到这个化工企业不整治不行了。

主持人:但是怎么能让这些化工企业的负责人理解我们做这些事的目的,有没有不理解的人?

陈忠强:也有的,我们一家化工企业,可能是整个家族的人都靠着这家企业发家致富的,所以你要真的端掉他的饭碗的话压力非常大。

(中央电视台财经频道《对话》2017年8月27日)

训练提示:谈话评论重在深度,谈话要自然,注意话题转换。

八、录音述评

稿件十四

扩大内需必须注意节能减排

记者:科技部重大专项办公室主任徐泾说,目前国家扩大内需,各地各部门都在向政府跑项目。在跑项目当中有一种倾向:把盲目上项目扩张,把很多过去没有批准的项目抓紧在这一段时间批准,作为地方政府的一个机遇。这种事情要引起高度重视,徐泾说,各地区各部门目前要在新一轮发展中正确认识节能减排与技术发展的关系,加快转变经济发展方式。

徐泾:这一轮的上项目必须更加注重科学发展和节能减排,所有项目的审批必须更加注重节能环保指标,新一轮的投资不能使得节能减排的目标打折扣。要把这种突击的上项目和节能减排隔离开,即使是扩大产能的项目也要把节能减排的重要要求放在最重要的位置上。

记者：徐泾说，节能减排是推动科学发展的重要任务，也是促进产业升级的重要途径。要加大结构调整力度，提升能源使用效率和产业发展的水准，提高经济增长品质和效益。

徐泾：我们特别关注这一轮(投资)要促进新技术的改造。我们希望在流程工业，不管是石化也好、冶金也好、水泥也好，这个时候就应该抓住机遇，真正把我们国家流程工业的节能减排的技术改造这项工作带起来。在这一轮的发展当中，要特别关注满足科学发展的要求，满足明天的要求。千万别再出现这一轮经济是上去了，我们的节能环保的指标大大地落后于我们的计划的情况。

（中央人民广播电台《新闻和报纸摘要》录音述评2008年11月19日）

训练提示：录音述评现场感强，播音时要注意与现场音效相配合。

思考与练习：

1.请从评论体裁的角度举例说明新闻评论的种类。
2.以庆祝为核心内容的社论、本台评论在播音时的基调是怎样的？
3.简述述评类新闻评论的特点。
4.编后话可分为哪几种类型，各有什么特点？
5.举例说明录音述评如何与音响结合。

后　记

　　播音主持艺术是实践性非常强的语言艺术,随着时代的变迁,语言的发展更是日新月异。以往的教材以媒体作为介质的较多,如《广播播音主持教程》《电视播音主持教程》《电视新闻播音主持教程》等。如今,除了传统的广播电视以外,又出现了新媒体。本书的编写源于我们在教学改革探索时的思考,源于围绕播音与主持艺术专业基本能力即"播、说、诵、演"能力训练时没有合适教材的苦恼。于是,我和我的同事们便集思广益、群策群力地开始了编纂工作。在我们的共同努力下,"播音主持实务教程"终于顺利问世了。这其中既有积极的探索,又有辛勤的耕耘,也有收获的喜悦和些许的遗憾。

　　《播音实务教程》重点编写了有稿播音的教学内容。每一单元包括"理论概述""示例分析"和"训练稿件"三个版块,既有理论讲解又有训练材料。本书提供的大量训练材料都来源于国内主流媒体近几年的稿件或节目,并依据有稿播音的主要类型进行了分类,以便教师有针对性地进行训练。本书是我们在多年使用的讲义的基础上,经过多轮课程实验又修改补充后才呈现给大家的。遗憾的是,由于编者水平有限,疏漏在所难免,欢迎专家和同行对本书提出宝贵意见,对此我们将不胜感激。

本册的编写具体分工如下:时政新闻播音由王杨撰写,民生新闻播音由许浩、王海燕撰写,财经新闻播音由孙文瑶、于永强撰写,体育新闻播音由李杨撰写,文化娱乐新闻播音由宋志君撰写,新闻评论由王红娟、杨强撰写。

书稿结成,心中万千感慨最终都化为两个字:感谢!感谢我的恩师、中国传媒大学博士生导师曾志华教授欣然作序!感谢山东青年政治学院播音主持艺术专业的创办者武传涛教授!感谢我的同事们的鼎力配合!感谢学院领导对我们的一贯支持!感谢出版社给我们提供的机会!

感谢岁月,感谢这个世界的春夏秋冬,让我们在前行的路上能够感到温暖;感谢生活和时间,让我们在这个夏天成长蜕变。

王海燕

2017 年 6 月于济南静心斋

图书在版编目(CIP)数据

播音实务教程 / 王海燕总主编. -- 北京：中国传媒大学出版社，2017.10（2022.11重印）
（播音与主持艺术专业"十三五"规划教材 播音主持实务教程）
ISBN 978-7-5657-2021-5

Ⅰ.①播… Ⅱ.①王… Ⅲ.①播音—语言艺术—高等学校—教材
Ⅳ.①G222.2

中国版本图书馆CIP数据核字（2017）第114680号

播音实务教程
BOYIN SHIWU JIAOCHENG

总 主 编	王海燕
副总主编	尹 航 许 浩
策划编辑	赵 欣
责任编辑	赵 欣 张 笛
特约编辑	高卓毓
责任印制	李志鹏
封面设计	拓美设计
出版发行	中国传媒大学出版社
社　　址	北京市朝阳区定福庄东街1号　　邮　编　100024
电　　话	86-10-65450528　65450532　　传　真　65779405
网　　址	http://cucp.cuc.edu.cn
经　　销	全国新华书店
印　　刷	唐山玺诚印务有限公司
开　　本	787mm×1092mm　1/16
印　　张	12
字　　数	200千字
版　　次	2017年10月第1版
印　　次	2022年11月第3次印刷
书　　号	ISBN 978-7-5657-2021-5/G·2021　　定　价　38.00元

本社法律顾问：北京嘉润律师事务所　郭建平

版权所有　翻印必究　印装错误　负责调换